アニメーション〈動き〉のガイドブック

伝わる表現の基礎講座

竹内 孝次、稲村 武志、布山 タルト　著

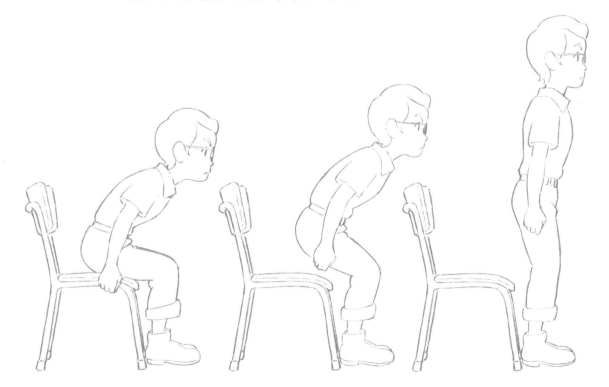

BNN
Bug News Network

まえがき

　この本で私たちが取り上げているのは、**「アニメートすること＝アニメーションの動き／演技をつくること」**についてです。そして私たちの目指す「動き／演技」とは、**「観る人に伝わる表現」**のことです。

　例えば「歩く」という動作でも、キャラクターの年齢、性別、体型により違いがあります。そして、演技で何よりも重要なのは、どういう気持ち、どんな気分かという「態度」です。怒って歩いている、哀しんで歩いている…等々、その態度も、キャラクターの性格や状況によって表現が異なります。

　演技には、「適切な演技」を決めるための因子がたくさんあり、しかもその演技を観る観客は、特定の一人ではなく不特定多数の人たちです。不特定多数の人たちを納得させる演技をつくれるアニメーターを、どのように育てればいいのだろうか？…そんな問題意識が、本書のもとになる「アニメーションブートキャンプ」というワークショップの始まりでした。

　ブートキャンプの詳細については、本書のPart 6をご覧いただくとして、その発端は2010年頃になります。会社の垣根を越えて、プロデューサーやアニメーターに集まってもらいました。そこで、動画の技術を短時間で効率的に教育するシステムは作れないものか、という相談をしました。一番いいのは、良質のサンプルを示すことです。しかしすぐに、これはダメだということを悟らされました。先に述べたように、キャラクターの年齢や性別、体型、性格、態度などを踏まえ、さらに昼か夜か、暑いか寒いか、狭い道か広いところか、等々の状況設定に適した演技を解答として示す——これでは十人十色どころではない、膨大な解答集が必要になってしまいます。

そこでブートキャンプでは、「解答を示す」のではなく、**「解答に至る道を示す」**ことにしました。この「解答に至る道を示す」ということが、ブートキャンプをやっていく中で発見した、とても良いことの一つです。誰かに答えを教わるより、「自分が考えて答えを見つけ出す」ほうが楽しく、なおかつ応用が利きます。それは、自分自身で見つけ出した答えだからです。

　この本はもうおわかりのように、アニメーションの「技術書」ではありません。私たちは読者のみなさんを「一人の表現者」とみなし、より良い表現を求める人に向けて、より良い発見のためのノウハウを伝え、適切にガイドしたいと考えています。
　この本は、アニメーターになりたい人、プロだけれどまだちょっと自信のない人、教育関係の方々、主にそんな方々に手に取ってもらいたいと思って作りました。

　これまでのアニメーション業界では、「答えを示されて、それを真似する」、つまり「教える→教わる」という形で教育がなされてきました。しかし、それでは教科書にない新しい技術や道具に出会った時に、立ち止まってしまう人が出てしまいます。誰でも、何か新しいことを学ぶとき、あるいは道を究めていくとき、これでいいのかと迷い、立ち止まることがあるでしょう。そんなときに、基本に立ち返り、自分で「解決に至る道」をたどり直すことで、きっと次の一歩が見いだせるはずです。そんなあなたの学びの一歩を、この本が後押しできるとよいと思っています。

アニメーションブートキャンプ共同ディレクター　竹内孝次

Contents

本書の使い方

　本書は、主に「ワークショップ」と「講義」から構成されています。

　手を動かし、また身体を動かしながらワークショップに取り組み、講義を読むことで、より理解を深めることができます。ブートキャンプでは、複数人で取り組むワークショップを推奨しています。可能であれば、ぜひ周りの方と一緒にやってみてください。

　本書では、アニメーションの動きを学ぶための作例を確認できるムービーを用意しています。

　動画マークがついているものは、下記のサイトにアクセスしてご覧ください。p.182-183にはムービー一覧を掲載しています。

https://bnn.co.jp/blogs/support/ugoki_movie
パスコード：x876tuvz

　また、一部の作例は巻末にフリップブック集を掲載しています。パラパラとめくって、アニメーションの動きを楽しんでください。

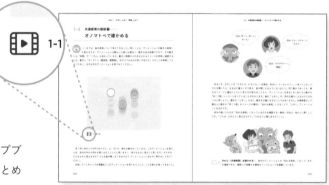

キャラクター紹介

本書のガイド役の仲間たちを紹介します。

初心ニカエルのだ！

ニカエルさん
ベテランのアニメーター。
やさしくまじめな性格で、教えるのが上手。

新人Aさん
アニメーションを始めたばかりの新人。
好奇心旺盛な性格で、前のめりなときがある。

ネズニ師匠
ベテランのアニメーター。天才肌タイプで、なかなか弟子がつかない。

新人Bさん
同じくアニメーションを始めたばかりの新人。感じたことを率直に言う、素直な性格。

カクゾウ先輩
中堅アニメーター。熱血タイプで、みんなを元気づけてくれるムードメーカー。

著者紹介

本書の著者を紹介します。

竹内孝次

アニメーションブートキャンプ共同ディレクター。アニメーションプロデューサー、東京アニメアワードフェスティバル フェスティバルディレクター。1953年生まれ。1976年に株式会社日本アニメーションに入社。1980年、株式会社テレコム・アニメーションフィルムに移籍。前テレコム・アニメーションフィルム社長。2016年より東京アニメアワードフェスティバルのフェスティバルディレクターを務める。代表作に『母をたずねて三千里』(1976)、『あらいぐまラスカル』(1977)、『未来少年コナン』(1978)、『赤毛のアン』(1979)、『じゃりン子チエ』(1981)、『名探偵ホームズ』(1984-85)、『リトル・ニモ』(1989) など。

稲村武志

アニメーター。株式会社プロダクション・アイジー所属。シンエイ動画株式会社に入社し、動画・動画チェックを担当後、1991年株式会社スタジオジブリ入社。その後ジブリ作品で原画を手掛け、株式会社スタジオポノックを経て現在に至る。主な参加作品として『千と千尋の神隠し』(2001、原画)、『猫の恩返し』(2002、作画監督補)、『ハウルの動く城』(2004、作画監督)、『ゲド戦記』(2006、作画監督)、『崖の上のポニョ』(2008、作画監督補)、『コクリコ坂から』(2011、作画監督)、『風立ちぬ』(2013、原画)、『思い出のマーニー』(2014、作画監督補)、『バケモノの子』(2015、原画)、『君の名は。』(2016、原画)、『メアリと魔女の花』(2017、作画監督)、『竜とそばかすの姫』(2021、原画)、『君たちはどう生きるか』(2023、原画)、『屋根裏のラジャー』(2023、原画) などがある。

布山タルト

アニメーションブートキャンプ共同ディレクター。東京藝術大学大学院映像研究科アニメーション専攻教授。博士(学術)。1990年代からアニメーション作品を制作。2000年代からアニメーション制作デバイスの開発を始め、国内外の美術館や科学館等で体験型展示やワークショップを行う。開発したコマ撮りアプリ「KOMA KOMA」は小中学校の授業等でも広く使われ、アニメーション教育の裾野を広げている。その他、ラインテストツール「KOMA CHECKER」や音もコマ撮りできるアプリ「KOMA OTO」等を開発。日本アニメーション学会事務局長。日本アニメーション協会理事。一般社団法人日本アニメーション教育ネットワーク理事。

ラインテスト環境について

　本書のワークショップは基本的に技法を問わず、2D手描き、デジタル手描き、3DCG、ストップモーションなど、学習者の興味のあるアニメーション技法で実践することができる内容になっています。しかし多様な技法のそれぞれについて詳しく説明することはできないので、ここではアナログの2D手描きで作画する場合を想定して、次のアプリを紹介します。紙に描いた絵を撮影してアニメーション映像として確認するためのラインテスト※1のWebアプリの一つとして、ブートキャンプから生まれた「KOMA CHECKER LITE」です。

ラインテストアプリ　KOMA CHECKER LITE

　「KOMA CHECKER LITE」は、ブートキャンプの共同ディレクターである布山タルトが開発した、ラインテスト用のWebアプリです。右のQRコードからアクセスすると、ブラウザ上ですぐに使用できます※2。

※1　作画した動きを簡易チェックするための方法で、「ペンシルテスト」とも言います。
※2　使用されるOSやブラウザのバージョンによっては正しく動作しない可能性もあります。あらかじめご了承ください。
※3　「コマ打ち」の説明はp.13の用語集参照。

❶ **コマ打ち**^{※3}**設定**：撮影ボタンを押した時に、何コマ分を撮影するかを設定します。

❷ **撮影**：コマ打ち設定で指定されたコマ数分を撮影します。

❸ **削除**：撮影した画像を1回取り消します。長押しすると、撮影画像を全て削除します。

❹ **カメラ切り替え**：タブレット端末の前面カメラと背面カメラなどを切り替えます。

❺ **fps設定**：再生時のフレームレート（1秒間の再生コマ数）を設定します。基本的には初期値の24fpsのままにしておいてください。

❻ **再生**：撮影した画像を再生します。

❼ **コマ送り再生**：撮影した画像単位でコマ送り再生します。

❽ **保存**：アニメーションGIFで保存します。データの保存先はブラウザのデータ保存先として指定されたフォルダ内になります。

❾ **タイムシート**：撮影されたコマ数の状態を確認できます（編集はできません）。

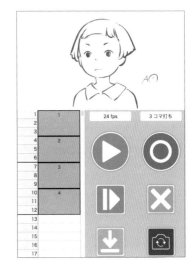

スマホ等で縦向きにした場合の画面

スマホやタブレットの固定方法のアイデア

スマホやタブレットを使う場合は、固定用のアームを購入するか、以下を参考に自作撮影台を作るなど、工夫してみてください。

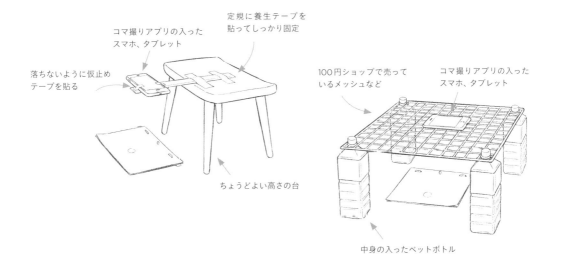

アニメーション学習のための用語集

　本書の説明で使われている用語は、アニメーションブートキャンプの教育の中で生まれ、少しずつ整えられてきたものです。それらの中には、日本のアニメーション制作現場ではあまり馴染みのない言葉や、本書での意味が一般的な意味合いとはやや異なる言葉などもあり、そのような本書特有の用語については各章の初出時に〈 〉で括っています（例：〈共通感覚〉〈キーポーズ〉）。ここでは、そうした特殊用語だけでなく、本文の説明を補足したほうがよいと思われる用語も含めて、用語集としてまとめました。

〈アニメーション〉：　　本書のPart 5で示される、演技をつくる4つのステップの最終段階。前段階の〈ラフアニメーション〉から、作品の特性や表現したいことに応じて最適な形で仕上げる段階。具体的には〈キーポーズ〉と〈ブレイクダウン〉の間に〈インビトゥイーン〉の絵を描いたり、ラフに描いた絵を作品に合わせた描き方にまとめる〈クリーンアップ〉をしたりする。

〈インビトゥイーン〉：　　〈キーポーズ〉や〈ブレイクダウン〉の間の絵・ポーズのこと。加速・減速や、動きの滑らかさなどを表現することができる。

〈動き〉：　　物理現象としての動きを拡張した、表現したいイメージを含んだ演技としての動き、動作のこと（同じ意味合いを一般用語で説明する場合には、「動き／演技」と記述）。

〈キーポーズ〉：　　「何をしているか」を伝えるために最低限必要な、鍵（キー）になるポーズのこと。重心移動の「はじめ」と「おわり」のポーズなど。

〈共通感覚〉：　　表現する側とそれを受け取る側との「共通の土台」となる、視覚、聴覚、味覚、嗅覚、触覚、運動感覚などの諸感覚や、それと結びつく記憶、知識、認識等のこと。英語に直訳すれば、common senseという「常識」を意味する言葉になり、その語源は古代ギリシャにまで遡る哲学的概念だが、本書では「伝わる表現」の理解と実践のための言葉として用いる。

〈クリーンアップ〉：　　ラフに描いた絵を、作品に合わせた描き方にまとめる仕上げ作業。ブートキャンプでは、背景がなくても対象物を立体的に感じられるような絵で仕上げることを目指している。

〈サムネイル〉：　　演技をつくる4つのステップの第1段階。アニメーションの動き／演技の構想をまとめ、かつその動き／演技に必要なポーズを見つけ出すために、身体で観察した上で、小さなサイズの全身ポーズをラフにたくさん描く段階。またはそこで描かれたスケッチのこと。

〈ブレイクダウン〉：　　〈キーポーズ〉と〈キーポーズ〉の間にある、動き／演技がどのようになされているか？　を伝えるために必要なポーズのこと。「パッシングポジション」「ミドルポジション」とも言う。

〈ラフアニメーション〉：　演技をつくる4つのステップの第3段階。前段階の〈レイアウト〉をもとに、動き／演技を
　　　　　　　　　　　伝えるために最低限必要なポーズが全て描かれているか？ タイミングが適切か？ などを検
　　　　　　　　　　　討する段階。この段階では〈ブレイクダウン〉まで描き、動き／演技のタイミングも厳密に
　　　　　　　　　　　検討する。

〈レイアウト〉：　　　演技をつくる4つのステップの第2段階。前段階の〈サムネイル〉をもとに、キャラクター
　　　　　　　　　　　と画面に映る全ての要素をどのように配置するか？ どのように画面内で動かすか？ を検討
　　　　　　　　　　　する段階。またはそのステップで作成するムービーのこと。この段階の動き／演技は、〈キ
　　　　　　　　　　　ーポーズ〉で表現する。

その他の専門用語

BPM：　　　　　　　　Beats Per Minuteの略。音楽用語の一つで、曲のテンポを示す単位。1分あたりの拍数を
　　　　　　　　　　　示す。例えば120BPMは1分間に120拍のテンポ。

fps：　　　　　　　　frames per secondの略。動画の1秒あたりの静止画像（フレーム、コマ）の枚数を示す「フ
　　　　　　　　　　　レームレート」の単位。例えば24fpsであれば1秒間に24フレーム。ゲーム用語のFPS（First
　　　　　　　　　　　Person Shooting）との混同を避けるため、小文字で表記されることが多い。

カットアウト：　　　カットアウトアニメーションの略称。切り抜いた紙や写真などの素材をコマ撮りしたり、デ
　　　　　　　　　　　ジタル化して切り抜いたパーツを動かしてアニメーションを制作する技法。日本語では「切
　　　　　　　　　　　り紙アニメーション」「切り絵アニメーション」とも言う。

コマ打ち：　　　　　1秒24コマ（24fps）をベースにして、指定された数字の分だけ同じ絵を撮影／表示するこ
　　　　　　　　　　　と。例えば「2コマ打ち」（略して「2コマ」とも）であれば、2枚ずつ同じ絵を撮影／表示
　　　　　　　　　　　することで、結果的に12fpsと同じになる。

ストレート・アヘッド：　パラパラマンガを描くように、動き／演技を頭から順番に描いていく方法。「送り描き」と
　　　　　　　　　　　も言う。

タイムシート：　　　アニメーションの動きのタイミングをコマ数で示す表形式のシート。2D手描き商業アニメ
　　　　　　　　　　　ーションの制作工程においては、原画から動画、撮影までの作業指示書の役割を担う。「エ
　　　　　　　　　　　クスポージャーシート／Xシート」、「ドープシート」とも言う。

ポーズ・トゥ・ポーズ：　動き／演技を伝えるために最低限必要な〈キーポーズ〉を先に描き、次に〈ブレイクダウン〉、
　　　　　　　　　　　さらに〈インビトゥイーン〉というように、段階的に描き進めていく方法。

ラインテスト：　　　作画した絵を簡易的に撮影してアニメーション映像として確認する工程やその映像のこと。
　　　　　　　　　　　「ペンシルテスト」とも言う。

Part 1

「上手い」とは？「表現」とは？

はじめに

　手描きの商業アニメーションを仕事にして30年、現場で仲間と共に作業をしていると、時々、若手から、このような相談を受けることがあります。

決まりや法則を守って、言われた通りに絵を描いたのに、
監督に見てもらったら、
「なんか…違うなあ」
と言われました。デッサンやパースにも気をつけて、
精一杯キレイに描いたのに…わかりません。

先輩方に動きをチェックしていただいたとき、
N先輩「ここをもうちょっと、上にあげれば感じがよくなるよね」
K先輩「ああ、感じを出すなら、そうだね」
と仰っていたのですが、"感じ"ってなんですか？
なぜその一言で、先輩方の間では話が通じるのですか？
上手い人たちには、何が見えているんですか？

　仕事だけでなく、学校でも同じようなことがあると思います。私（稲村）自身、学生時代に課題で描いた自画像を提出し、戻ってきた絵に「A-」と記入され、その評価点に疑問を持ったことがあります。「僕が描いたものはBさんの絵より精密で技術的には優れていると思うのに、なぜBさんは僕より良い評価なんだろう…」と。数学的、定量的な評価が難しい芸術の分野での学習では、こんな経験をした人も多いのではないでしょうか。

　美しい絵、正確なデッサン、細かく精緻な描写など、技術的に高度な作品たちが「上手い」と言われるのをよく耳にすると思います。手描き、カットアウト、3DCG、アート、ストップモーションといった手法を問わず、対価を得るためにアニメーションを仕事とするならば、美しく精緻な描写ができる最高の技術は、作品やクライアント、観客から要求されるとても大事なもので、欠かせないものです。しかし、絵やアニメーションが「上手い」「感じがよい」というのは　技術や正確さだけによるものでしょうか。

　例えば絵画の世界では、精緻でリアルな描写をするルネサンス時代のレオナルド・ダ・ヴィンチ、バロック時代のカラヴァッジョやレンブラント、フェルメール、イリヤ・レーピンやミュシャ、ミレイは素晴らしく「上手い」と評価されています。一方で、ゴッホやモネ、ルノワールといった印象派の絵画や、象徴主義のクリムトなど、写実的な描写でなくとも、素晴らしいと評価されています。また、西洋画のような立体の描写や空間描写ではない日本画の伊藤若冲、長谷川等伯、浮世絵の葛飾北斎、歌川広重なども世界から評価されています。あるいは書店に足を運び、絵本に目を向けても、多様なスタイルの素晴らしい作品が身近なところに存在することがわかります。

ミケランジェロ・メリージ・ダ・カラヴァッジョ『果物籠を持つ少年』

フィンセント・ファン・ゴッホ『麦わら帽子の自画像』

伊藤若冲『葡萄双鶏図』

長谷川等伯『松林図屏風』、出典：ColBase（https://colbase.nich.go.jp/）

同じように、アニメーションの世界でもありとあらゆる手法があり、リアルからコミカルなものまで、さまざまなスタイルの絵が世界中にたくさん存在します。全く異なる手法や絵柄であっても、同じように「上手い」「素晴らしい」「感じが良い」と評価されています。

　こうして視野を広げてみると、どうやら、「アニメーションのスタイルや手法を問わず、技術とは別の視点やトレーニングが必要そうだ」ということがわかってきます。

　本書を手に取った読者ならきっと、「もっと絵がうまくなりたい」「もっとアニメーションがうまくなりたい」「もっとうまくアニメーションを教えられるようになりたい」等々、希望を持ってページを開き、文字を追っていると思います。考えてみれば、何事も、訓練によって「うまくできなかったこと」が「できるようになる」という一定の成果を得られます。しかし、ここでいう「うまくなりたい！」というのは、単にそれまでできなかったことが「できるようになる」ことだけを望むのとは、少し違います。

　例えば言葉の習得であれば、「日常会話ができる」ということと、「日常会話がうまい」というのは違いますね。「会話がうまい」のほうは、意思疎通ができるということに加えて、話す相手を楽しませてくれる、といった意味も含んでいます。「できる」は最低限の技術習得だけれど、「うまい」というのは、どうもそれだけではないようです。

　本書が焦点を当てるのは、後者のほう。つまり「できる」ことを目指す技術の習得ではなく、「うまくなる」ための基礎と考え方の一つを習得することです。

　これから、アニメーションに必要な技術と並行して必要となる表現について、「いろは」の「い」の前から始めていきます。それは、幼少期から絵を描いていて技術があり、意識をせずとも絵で語ることができ、それが評価されるひらめきのある天才たちには、必要ないことかもしれません。しかし、もしかしたらレイトスターターや、ひらめきはなくとも我慢強く、なんとかして良い作品を作りたい人、集団制作の中で作品に貢献したいが、どうしたらよいかわからない人など、そう思う人たちにとって、道を開くヒントの一つになるかもしれません。

　絵（画）を動かし、動きで表現するのがアニメーションです。ではまず、「絵」とは一体どういうものなのか、「絵」で表現するということは何なのか、いくつかの仮説を通して、一緒に考えてみましょう。

1-1 「絵」とは何か

アニメーションは、絵を動かして表現する「映像表現」です。手描き、カットアウト、3DCG、ストップモーションなどアニメーションにはさまざまな手法がありますが、絵（画）を作り、連続して撮影し、動きで表現するのはみな同じです。まずは原点である「絵」を、「描く側」からではなく「観る側」から考えてみましょう。

はじめに、一枚の「絵」を観てください。

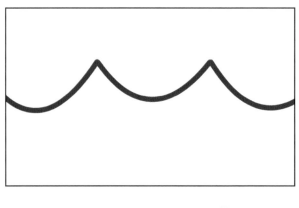

この絵は、何に観えるでしょう？　もしこの絵にタイトルをつけるとしたら、どんなタイトルにしますか？　正解があるわけではありません。何に観えるか、自分なりの答えを出してみてください。

アニメーションブートキャンプのワークショップでこの絵を観せたところ、参加者からさまざまな答えが返ってきました。

例えば「波」だと言った人。あるいは、「山」だと言った人。きっとこんな風景が見えたのでしょう。

「動物の耳」「舞台の緞帳」だと言った人。

「歯」と言って、尖った歯を思い浮かべる人もいれば、歯茎から生えた「歯」だと言った人もいました。

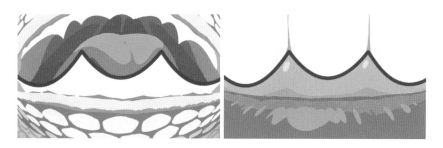

　単純な波型の線であっても、「絵」と言われて観ると、色々なものに観えることがわかります。あなた自身、波線だけの絵を観た時、自分の中に「これは何か？」と、イメージを探したのではないでしょうか。私自身もそうです。ということは、絵を観た人は、これまでの人生の中で、見たり、体験したり、感じたりしたたくさんの自分の経験や記憶の中から、それにぴったり合うものを探し出しているということです。これが「絵」の特徴であり、性質であることがわかります。

　さて、先ほどの絵はとてもシンプルな一本の線で描かれた絵でしたので、色々なものに観えたり、伝わったりしました。では、きちんと正確に描けば、記憶や体験といったイメージは、きちんと意図した通りに伝わるでしょうか？ 次のページで、もう少し具象的な絵を例に考えてみましょう。

1-2 絵は正確に描けば「上手い」のか

 富士山です。標高3776mと、とても大きな活火山です。これを、できるだけ正確にトレスをして、線画にしてみましょう。

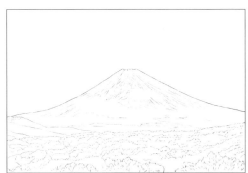

　線画にしたものは、どのような印象でしょうか。おおむね、形は正確になっているはずです。大きな富士山が上手く描けているでしょうか。富士山は、信仰の対象になることもある日本の象徴的な山であり、昔からたくさんの画家たちによって描かれています。東海道五十三次を描いた浮世絵師の歌川広重も、こんなふうに富士山を描いています。

　よく見ると、広重の描いた富士山は「富士山は大きいのだ」と言わんばかりに、フレームからはみ出してしまっています。山頂より下の方に鳥も飛んでいますね。ここで、写真からトレースした先ほどの絵に、広重の絵と同じような色をつけて、見比べてみることにしましょう。

　広重の絵は写真とは形が違うのに、とてもよく大きな富士山のイメージが表現されていると感じられると思います。写真から模写した私の絵は正確なはずですが、広重の絵と比べると、描いた私自身であっても、富士山を強烈にイメージするものではありませんし、私の地元である群馬県の榛名山山頂にある榛名富士だ、と言われれば「そうですね」と答えてしまうかもしれません。

　こうして見てみると、「絵」は幾何学的に形を正確に捉えてさえあれば伝えたいことを正しく伝えることができるというわけではない、ということがわかります。観た人の経験と繋がり、想像させて、初めてきちんと伝わる、という仮説が成り立ちます。

　しかし、ここで一つの疑問が湧きます。「では、絵を観た人が、富士山を知らなかったら？」　そうです。富士山を知らなかったら、フレームから飛び出すくらいの高い山としてはイメージしますが、「富士山」として認識することは難しいですよね。このことは、絵で伝える上でもう一つの大事な仮説を示しています。それは「似顔絵」を考えてみると、よくわかります。

1-3 「伝わる表現」になるための〈共通感覚〉

 例えば、私の似顔絵を自分で描くと、こんな感じになります。

　どちらも落書きで恥ずかしいのですが、左は私の似顔絵で、右はSNS用のアイコンです。本物の私はもっと太いフレームの眼鏡をかけていてもうちょっと髪の毛も残っていますし、猫でもありませんが、私を知っている友人はこの似顔絵を観て「上手い！ 似てる！！ いいなあ、絵が描けて」と言ってくれました。「伝わる表現」「上手い表現」になっていたわけです。私をよく知らない人にとっては、似顔絵は、髪の薄い中年男性にしか見えないと思いますし、SNSのアイコンは、人相の悪い猫にしか見えないと思います。似顔絵は、その絵の向こうに本人の姿が想像できると「上手い！」となります。

お互いが絵の本人を知っていて、
絵から本人のイメージがはっきり伝わると
「似てる」「上手い」となるけれど…

知らない人の似顔絵を見ても、
似てるとか上手く描けているかは
わからないよね…

技術の高さや美しさは
わかるかもしれないケド…

実は私たちは、普段から身の回りで、絵を表現の手段として利用しています。例えば、メールやメッセージアプリで「絵文字」や「スタンプ」を使用するときには、言葉で伝えられない想い、真意、機微などを言葉以上にうまく伝える手段として、自分の気持ちを表現できる絵を選択して送信します。そして受信した人は、その気持ちを受け取った絵から想像していると思います。一部の道路標識やピクトグラムなどもそうですよね。

絵を観る人と絵を描く人は、知識として知っていることや実体験など〈共通感覚〉※という共通の土台の上でコミュニケーションをとっているのです。この共通感覚の中には、美意識や体験、体感、知識、もちろん絵や映像作品を鑑賞したことなども含まれます。共通感覚の上で、あなた自身の経験が、あなたの絵を観た人に伝わった時に「上手い」となることがわかります。

パントマイム（無言劇）を思い浮かべてみてください。パントマイムは、演者の身体表現だけで、見えないモノの存在をありありと感じさせます。演者の動きを通じて、壁の存在を感じ、壁の硬さを感じ、壁を叩く手の痛みすら感じられるのは、私たちが生まれてからの人生の中で、何らかの壁に関する記憶を持っているからでしょう。もちろん全く同じ壁の記憶ではありませんが、それでも共通する部分があります。「共通の土台」とは、このように個人的な経験に基づきつつも、他者同士のコミュニケーションの土台となるような感覚のことです。

共通感覚は目に見えず、言語化することも難しいものですが、そうした土台があることによって、私たちは言葉が通じない人とも理解し合えるし、世界のリアリティを感じることもできます。確かな共通の土台を持った「伝わる表現」は、たとえ現実にはありえないような設定のファンタジー世界を描いたとしても、現実からのエッセンスや、現実からの拡大解釈を織り交ぜることによって、その存在をリアルに感じさせることができます。絵やアニメーションは、ゼロから何でも描ける自由な表現だからこそ、そこにリアリティを持たせるために、観る人との共通感覚の土台を持つことが重要なのです。

※〈共通感覚〉の説明は p.12 の用語集参照。

1-4 共通感覚の確認 ❶──
オノマトペで確かめる

ここまでは、絵の表現について考えてきました。同じことは、アニメーションの動きの表現にも言えますが、アニメーションは静止した絵とは異なり、動きのある映像ですので、その動きには「時間」や「リズム」も加わっています。動きと時間から引き出されるイメージを同時に確認するには、動きに「オノマトペ（擬音語・擬態語）」を付けてみるのが良い方法です。そのことを実感してもらうために、まずは次のアニメーションを見てみてください。

▶ 1-1 ボール

全く同じ形の3つの円（左から①、②、③）が、異なる動きをしています。このアニメーションを見た人は、自分の中から何かを探し出そうとしたと思いますし、色々なものに見えたと思います。それぞれ、どんなものに見えますか？ どんな音が聞こえてきますか？ アニメーションに合わせて声を出してみてください。

以前、ブートキャンプの受講生にこのアニメーションを見てもらったら、こんな答えが返ってきました。

　あるとき、②のことを「ピヨピヨ、ピヨピヨ。一生懸命、羽ばたいているヒヨコ！」と言った人がいて、それを聞いたら、なるほど確かにそう見え、音が聞こえるようになりました。同じ動きであっても、異なるイメージと重ねたとたんに見え方が変わることから、アニメーションを見るときに私たちは動きの「向こう側」にイメージをしていることがわかります。絵の「上手い」が、形の正確さによるものではないのと同じように、動きの「上手い」もまた、動きを正確になぞることではありません。共通感覚の上で、観る人に動きの「向こう側」のイメージが適切に「伝わる表現」にすることで、「上手い」アニメーションとなるのです。

　自分の描いたものが「伝わる表現」になっているのかを確認する一番良い方法は、他の人に聞くことです。「これは、どのように見えますか？」「どのように感じますか？」と。

▷▷ **Part 2　〈共通感覚〉を確かめる**に、自分のアニメーションが『伝わる表現』になっているかを確認できる、複数人で体験する簡単なワークショップを掲載しています。

1-5 共通感覚の確認❷——
自分の身体で感じる

アニメーションの〈動き〉を考えるとき、「伝わる表現」に必要な共通感覚を確認するためには、その動きを自分の身体を使って演じてみることや、表現してみることも、とても良い方法です。前項のオノマトペと合わせて、自分の身体で動きを表現すると、時間の要素も同時に確認できます。

　例として、椅子から立ち上がる少年のアニメーションを2種類紹介します。このアニメーションは、真面目な少年が教師に指名されて、〈「はい！」と、さっと立つ（例1）〉と〈「よいしょ…」と、ゆっくり

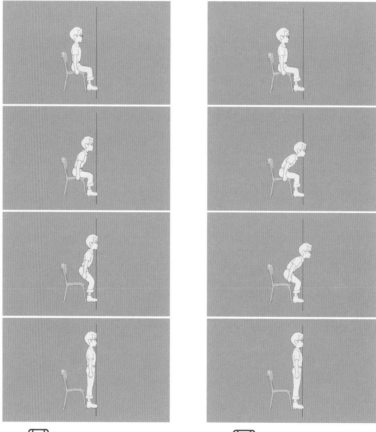

例1 ▶ 1-2 さっと立つ（例1）　　　例2 ▶ 1-3 ゆっくり立つ（例2）

立つ（例2）〉という2つの場面を想定して描いています。このアニメーションのように、実際に身体を動かしてみてください。

　この2つのアニメーションは、最初と最後のポーズは同じです。しかし身体を動かして自分の姿勢や身体感覚を観察してみると、立ち上がる速さの違いによって、立ち上がる時の姿勢や、重心が移っていくスピードに違いがあることに気がつくと思います。私は、描きながら自分の身体を動かし、キャラクターの身体感覚を確認しながら「意思の向く方向」を観察しています。それをわかりやすく説明するために、赤い矢印で少年の意思の方向を示しています。

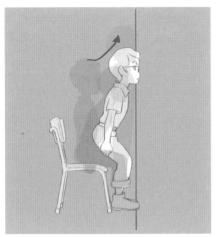

例1

　例1の「さっと立つ」時には、少年は早く立ち上がろうとするので、早い段階で上方向への強い意思を持ちます。そこで重力に対抗しながら立ち上がろうとする彼の意思を表現できるポーズを探し、確認しながら、描きました。

早く立ち上がろうとする
意思がポーズや身体の
動き方に表れるはず。
表現したい動きの速さで
実際に動いてみよう

　一方、例2の「ゆっくり立つ」時には、上体を上に持ち上げるためにまず、支える足の方向に重心を移動しなければいけないため、上半身を前に倒そう（移動しよう）とする意思を持ちます。彼の意思は、足が身体を支えられる感覚になってから、重力に対抗して身体を上に持っていくために、意思の方向が上へと向いていきます。

例2

「よっこら」で重心移動し
体重を足に乗せてから
「しょ」で立ち上がる。
オノマトペに合わせて
動いて確認してみよう

　人は意思を持っています。そして、その行動には意思が表れます。意思を持ったキャラクターをアニメーションで表現する際には、キャラクターの意思を想像してそれを適切に表現することが大切になります。それが実現できたときに初めて、その世界の中で本当に生きている人物を表現できるのです。そのためには、自分の身体を日常的に観察、記憶し、身体を動かして確認することがとても重要です。

　最近ではSNSなどでアニメーションの技術的な情報も大量に流布されていて、例えば「普通の歩き」のテンプレートなども簡単に見つかるでしょう。でも、「普通」とは何でしょうか？　基本パターンを覚えて練習することは、技術を早く覚えるためにはとても有効です。しかし物語の中で生きている人物は全て異なる人物であり、歩き方一つとっても状況によって異なります。アニメーション表現には、無限の可能性があるはずです。物語の中の人物と向き合い、状況、性格、意思などを具体的に、自分の経験を通して想像することが大切になります。そのような想像力は、一朝一夕で培われるものではありません。普段から自分自身の経験はもちろん、自分以外の他者の経験にも関心を持って観察することが必要になります。観察は想像と相容れないと思われがちですが、実は日頃からの観察と経験こそ、豊かな想像の土台になるのです。

まとめ ✎

どうしたら共通感覚に基づく「伝わる表現」になるかを学ぶための、2つのポイントを以下に示します。

1　自分の身体で感じる

　頭の中だけで想像したことは、ともすれば身体感覚からかけ離れてしまいます。視覚や想像だけに頼ることなく、身体全体で世界を感じとった経験の記憶が、「伝わる表現」の土台としてとても重要です。共通感覚や動きを考察する起点となるのは、あなた自身の身体です。

2　他の人に聞く

　単純なことですが、自分が描いたものが、どのように伝わっているのかを知ることが、他者とわかち合える共通感覚を知り、「伝わる表現」を手に入れるための一番の近道になります。

 Part 4　ポーズを見つけるに、自分の身体で感じ、〈動き〉に必要なポーズを見つけ出すためのワークショップと講義があります。

1-6 キャラクターアニメーションに見る共通感覚❶──
習作「歩く」

キャラクターアニメーションでは、観客はキャラクターの動きから「状況」「意思」「性格」なども、自身の経験を通してイメージします。もちろん「何となく気分だけ伝わればいい」「全ては観た人にゆだねよう」という作品もあるでしょう。しかし、物語の上でそのキャラクター自身の人格、置かれた状況や感情を語るなど、「伝わる表現」を必要とするキャラクターアニメーションにおいては、それを表現する技術だけでなく、その土台となる共通感覚が必要になります。

次の習作「歩く（例1）」アニメーションを作例に、そのキャラクターがどのような人格で、どんな状況、どんな感情かを想像してみてください。

みなさんの目には、彼女はどのように映ったでしょうか。私はこのアニメーションを描くときに、「ハキハキとした女性が、恋人と喧嘩をして、不機嫌に、線路の高架下を、駅に向かって歩く」という想定をして描きました。体を前傾して歩幅を大きく、体の上下動を大きく、腕のふりを大胆に。ここでは説明しませんが、細部に至るまで色々な工夫と実験をしています。フィードバックを得るために、仲間に動画を送って「どう？」と聞いてみたところ「喧嘩した帰り？」という返事が返ってきたので、自室で独り小躍りしたのを思い出します。この習作は、仲間に「伝わる表現」として成功していた、ということです。

例1 ▶ 1-4 歩く（例1）

　表現するときに、技術を高めることもとても大事ですが、技術だけにとらわれると、何を表現したいのかを見失ってしまうことも度々起こります。キャラクターアニメーションで観る人に伝えるためにはまず、「思いやる」「人物をよく知り、その意思を読む」など、物語の中の人物と真正面から向き合うことが大切です。

　次の習作（例2）は、みなさんの目にはどのように映るでしょうか。この買い物帰りの女性は、ほとんど上下動をせずに歩いています。重たい荷物を抱えつつも、おおらかでゆったりとした彼女の気分を描くために、意図的に上下動を少なくしています。重さは、骨盤の動きで吸収され、横への体重移動によって歩くリズムを表現しています。アニメーションの技法書の多くには、「歩く人を描くときには、上下動をさせなさい」と記しているものも多いですが、表現によっては必ずしもそうではないことがわかると思います。何を表現したいかが伝わるように、アニメーションに工夫することを日常的に考えていると、それを表現するためのさまざまなアイデアや、発見を得られると思います。

例2

▶ 1-5　歩く（例2）

📖 ≫　**Part5　演技をつくる**に、「演技」として「歩き」を表現するワークショップや、「演技をつくる」ためのポイントを説明しています。

1-7 キャラクターアニメーションに見る共通感覚❷──
演技「驚く」

キャラクターアニメーションにおいて、アニメーターは、物語の中で生きているキャラクターを動きで表現します。一般に「演技」と言われることもあります。キャラクターが「驚く」演技を例に、そのキャラクターがどのような人物で、どんな状況に置かれていて、どのような感情でいるのかを想像してみてください。

　以下の作例は、全て例1のA①と同じ絵からスタートします。

　例1の彼女は、下に縮んでから「あっ…！」と上に伸びています。日本のアニメーション制作会社の研修では、驚くという動きをこのように教わることが多いです。「何かに反応している」「驚いている様子だ」と感じると思います。しかし驚くというのは、状況やその人の性格、何をしようとしているか、といった要因によっても変わってきます。

例1

▶ 1-6　驚く（例1）

　「前に出る」という動きで表現された、次の例2〜例4の3つの「驚く」演技は、顔の表情は全く同じですが、ほんの少しの動く方向や速さの違いで、異なるアニメーション表現になっています。

　例2は、驚くといっても、前に乗り出してから、上に伸び上がっています。例1とは全く違うことに対して驚いていると感じられるようになりますし、例1よりも積極的な人物の印象もあると思います。例3は、前に出ていますが、例2と違って最後に下に動いています。これは、誰かの行動に驚いて、助けたいけれども手が出せないとか、性格が慎重そうだとか、そんなふうにも見えると思います。例4は、例2と同じように前に出ていますが、動きが小さくてゆっくりです。何かに感動しているようにも見えると思います。

例2

▶ 1-7　驚く（例2）

例3

▶ 1-8　驚く（例3）

例4

▶ 1-9　驚く（例4）

　下の動画では9つの例を用意しました。全て動きが違いますが、表情は同じです。ここにあるだけでなく「驚く」という演技は、もっとたくさんあると思います。例5と例6の動画は、反応して縮んでから、前に出るか、後ろに下がるかの違いです。例えばこの二人が双子で、同じものに驚いているなら、この二人は性格が違うかもしれません。ほんの小さな動き一つからでも、観る人は、そのキャラクターの状況や性格、その時の気持ちや意思の持ち方までも想像します。演技においても、技術やパターンにとらわれることなく、キャラクターそのものと真正面から向き合い、諦めずに表現を探求する姿勢が必要です。

▶️ **1-10　驚く（例1～9）**

1-8　実例　映画『思い出のマーニー』cut-0636

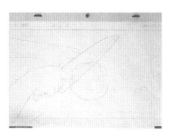

2014年に公開された、映画『思い出のマーニー』cut-0636、いわゆる原画を線撮（ラインテスト）したものです。この作品は、リアルなスタイルで描かれています。しかし私は、このカットを担当した際、伝わるように工夫して、大きな嘘をついています。

実はトマトをカットするとき、この原画のように、トマトは変形しません。原画を描くにあたって、トマトの感触を思い出すために、またどのようにトマトを表現するか考察するために、実際にトマトを包丁で切る映像を撮影してみました。しかしその動画には、トマトがほとんど変形しないまま切れている様子が映っていました。

初めはその資料通りにラフを描きましたが、変形せずに丸い物が切られるそのアニメーションのラフは、観る人にとって、同じく赤い丸いリンゴのように硬いものだと感じられてしまう可能性もあると思いました。さて、撮影した映像のように事実を事実として描くべきか、どうしたものか…。

このカットは、作画監督から「ストーリー上での役割を考え、大きくてジューシーな美味しそうなトマトに見えること」を要求されていました。そのため、トマトを調理した時や食べた時の自分の体感や経験を思い返し、唯一トマトに力を加えることのできる包丁を押し付けた瞬間に、その感覚が観る人に伝わるよう、水の入った風船のように少し膨らむような変形を加える工夫をして、このカットの原画を完成させました。この原画がこの後の工程を経て完成した結果は、よろしければ映画を観てみてください。もしあなたが、その映像を観て違和感なく美味しそうなトマトだと感じられたとしたら、私の工夫は成功です。

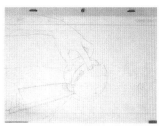

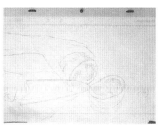

1-11　『思い出のマーニー』cut-0636（線撮）

© 2014 Studio Ghibli・NDHDMTK

Part 2

〈共通感覚〉を確かめる

は じ め に

　前章の話をふまえて、ここからは実践的なワークショップと講義に入っていきます。その第一歩は、〈共通感覚〉に基づく「伝わる表現／上手い表現」の学び方のレッスンです。

　共通感覚を確かめるためには、自分のものの見方・感じ方にこだわりながら、それを他者のものの見方・感じ方と比較し、その違いを理解することが重要です。違いを前提としつつも、そこに重なり合う部分を探るのが、「共通感覚を確かめる」というプロセスです。

　ただ、「確かめる」といっても、あらかじめ一つの正しい答えがあってそれを確認する、ということではありません。「伝わる表現／上手い表現」を実現するための一つの答えとして共通感覚があるわけではないということに注意してください。

　共通感覚というのは、いわばコミュニケーションの「足場」のようなもの。表現する側と受け手の間にあり、その足場は補強されたり、更新されたりします。また、集団作業で表現する場合は、作り手同士の間でも、お互いのものの見方・感じ方を率直に伝え合い、話し合いながら共通の足場を築かなくては、建造物としての作品を作り上げることができません。

　これから体験してもらうワークショップは、表現することを通じてみんなで足場をかけるレッスンになります。共通感覚を確かめることが目的ですから、できるだけ何人かで一緒にやってみてください。授業など多人数で取り組む場合には、3人から5人くらいのグループに分かれて行うのがおすすめです。

　それでは早速、始めましょう！

2-1 ワークショップ❶ 風船

> **課題の内容**　画面中央下に描かれた円を「風船」に見立てて、それが空へと飛んでいく様子を
> アニメーションで表現してください。

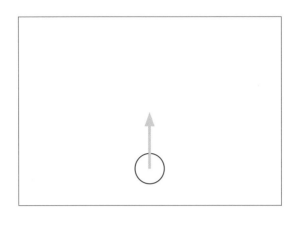

 POINT

- 円の大きさは2cm程度、背景はA4サイズとします。
- 撮影は2コマ打ち※とします。1枚目の絵は1秒間の停止状態から動き出すようにしてください。
- 描き出す前にストップウォッチを使ってあらかじめ動きの時間の長さを測ってみると、何枚くらい描かなくてはならないか見当がつきます。ストップウォッチを使う時には、紙の上にストップウォッチをかざして、それを風船に見立てて動かしながら測るとよいでしょう。またその際には「フワフワフワ…」「ス〜〜ッ」など、自分のイメージする風船の動きのオノマトペを、声に出してみてください。
- 時間配分はケースバイケースですが、ブートキャンプの場合は、「やってみる（作画と撮影）」を40分、みんなで見る「ふりかえり」を20分程度で行うことが多いです。

※「コマ打ち」の説明はp.13の用語集参照。

➡ 進め方

　上記課題をまずはやってみて、その後にみんなで見る「ふりかえり」を行います。「やってみて→ふりかえる」というセットを2回以上、繰り返すのが基本です。ふりかえりとは、一人の場合には自分の表現を客観視して自己フィードバックすることです。他の人と共同でやる場合は、表現の「感じ」を伝えてフィードバックし合うことになります。

　他の人たちと、お互いに見た時の感じを伝え合うときには、自分が表現したいことと、見た人が感じ取ったことの「違い」に注目してください。それによって共通感覚を探り、より「伝わる」表現を目指

すことにつながるからです。

　ふりかえりをする時、見た人のフィードバックの仕方も重要です。表現の良し悪しを評価するのではなく、「〇〇のように見える」「〇〇のように感じる」と伝えることをルールにしましょう。また、言葉にしづらい微妙なニュアンスは、オノマトペで表現するといいでしょう。この課題では初めから完成を目指すのではなく、お互いの共通感覚を確認し合い、「伝わる表現」に向けて少しずつ修正していく過程がとても大切です。失敗を気にせずに、どんどん描いて撮影してみてください。

ふりカエル

 僕の描いた風船（例1）、どう？

 う〜ん。私には、風船っていうより、
エレベーターが上がっていくように見えるかなぁ。

例1　▶ 2-1　風船（例1）

 全然違うじゃん！もっとフワフワした感じが
出ないと、風船だって伝わらないのかなぁ…。

 私の風船（例2）は、どうかしら？

 オレには気球のように見えたぞぅ！

例2　▶ 2-2　風船（例2）

 え〜、そんなに大きく見えちゃいます？
ちょっと遅すぎたのかしら。もう少し軽やかに見えるように、修正してみますね。

 色々な見え方が出てきたね。この課題の正解は一つじゃない。けれど思い描いたイメージが「伝わる表現」になるような最適解はあるはずだ。今の表現に対するフィードバックを参考に修正を繰り返し、「これは風船だ」と伝わる表現を目指していこう。
またその際に、自分の過去の記憶を探ってみて、風船が手元から空へと舞い上がっていった経験なども思い出してみてほしいな。そのときの風船の感じは、どんなだっただろう？

2-2 ワークショップ❷ ボール

課題の内容 以下の円をバレーボールに見立てて、それが一度アスファルトの地面にバウンドしてから、深さ10cmの草地に落ちて止まる様子をアニメーションで描いてください。

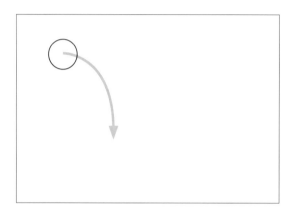

 **POINT** 円の大きさや撮影条件、ワークショップの流れは、「風船」のワークショップと同じです。特にこの課題では、ボールのバウンドするタイミングを把握するのにオノマトペを声に出してみることが有効です。

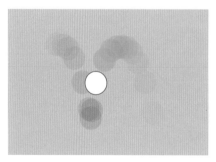

例1

▶ 2-3 ボール（例1）

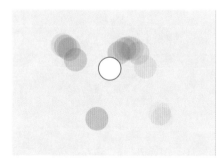

例2

▶ 2-4 ボール（例2）

ふりカエル

 さっきの風船よりも、バウンドするボールのほうが、動きが複雑で難しいですね！
でも、私の描いたもの（例1）、わりといい感じに見えませんか？

 ボールらしく弾んでみえるね。
ただ、バレーボールというより、ピンポン球のような軽いものに見えないかい？

 う〜ん…。ちょっと動きが速いし、バウンドが高すぎるのかしら。
もうちょっと修正してみます！

 僕は元バレーボール部だったから、この課題は自信あるんだ。これ（例2）、どうですか？

 ちょっと弾みすぎじゃないか？…ちなみにオレは元ラグビー部だ！

 面白いけど、ボールというより「ぴょんっ、タタン」って感じね。

 なんだか、生き物みたいな感じもするわ。

 う〜ん、言われてみると確かに。
着地してから「スンッ」って加速するから、飛び上がる感じがするのかなぁ…。

 本来の物理法則以上に加速してしまうと、物が意思を持って動いたり、
何かに引っ張られる感じになってしまうんだね。

 慣れ親しんだボールでも、アニメーションでうまく表現するのは案外、難しいですねぇ。

 実際にバレーボールを投げて、観察してみたほうがいいのかも。

 それはいい考えた。記憶だけでは明確にイメージできないときには、
実物やそれに近い物を使って観察してみるといいよ。

まとめ

このワークショップでは、円という単純な図形だけを使い、風船やバレーボールなど、その物らしい動きを表現することに取り組んでもらいました。実際にやってみると、動きの調整だけで「伝わる表現」にするのはとても難しかったと思います。アニメーションの技術的な説明はほとんど何もしていませんから、それも当然でしょう。

しかしこの段階では、他の人からのフィードバックを受けて修正を繰り返しながら、少しずつでも自分の表現が変化していく過程を体験できていればOKです。なぜなら本章の一番のねらいは、共通感覚を確かめるプロセスを理解してもらうことだからです。

共通感覚に基づく表現の学習において大切なこと、それは他の人たちに自分の表現を見てもらってオノマトペなどを駆使しながら「どんなふうに見えるか」のフィードバックをもらい、それをふまえて修正するプロセスを重ねることです。そのプロセスを図にすると、以下のようになります。

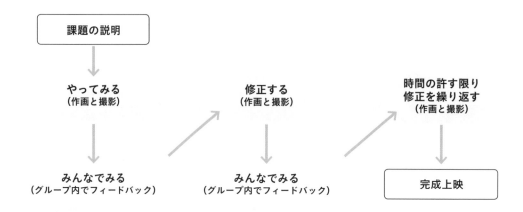

ちなみにこのプロセスを進める体制として、ブートキャンプの場合、上図の「やってみる」→「みんなでみる」のセットはグループワークで行い、最後の完成上映は全員で行うようにしています。また完成上映時には、作者に自分のイメージしたオノマトペを声に出し、映像にあててもらいます。そうすることで、作者の表現したかったイメージと、実際に表現されたイメージのギャップの有無がわかりますし、「表現者」としての自覚も高まるからです。

　本章では「風船」と「バレーボール」という、2つの物の動きを表現する課題を紹介しましたが、これらをもとにして課題のバリエーションをもっと広げることも可能でしょう。丸い形には、シャボン玉、ピンポン球、ボーリング球、スイカなどさまざまな物がありますし、シチュエーションを変えれば「水の上を漂うピンポン球」や「坂道を転がり落ちるスイカ」などのさまざまな設定も考えられます。さらには円をヒヨコやカエルなどの生き物に見立てて、それを動きだけで表現するのも面白いと思います。あるいは円ではなく、四角形を用いても構いません。

　いずれにせよ、この共通感覚を確かめるレッスンにおいて重要なポイントは、なるべく単純な図形を使って動きの表現だけに集中できるようにするということです。是非、仲間と一緒に表現することを通じて、さまざまな動きの共通感覚を確かめる経験を、楽しみながら積んでいってください。

　Part3　身体で感じるのコラムで、「エアボール」を用いたシアターゲームを紹介しています。身体を使ってボールの「動きの感じ」を他の人と共有する手がかりにしてみましょう。

2-3 特別講義1 共通感覚について

講師：稲村武志

集団制作で共通感覚を確かめること

「決まりや法則を守って言われた通りに絵を描いたのに、監督に見てもらったら『なんか…違うなあ』と言われました。」

「『感じ』ってなんですか？　なぜその一言で、先輩方の間では、話が通じるのですか？　上手い人たちには、何が見えているのですか？」

アニメーションの職場で働いていると、こういった質問を受けることがあります。集団制作では、監督、検査、ディレクター、スーパーバイザーといった決定権のあるスタッフでない限り、何らかの形で自分の仕上げた仕事をチェックしてもらう機会が多くあります。職場だけでなく学校などでも、芸術分野の課題評価においては、講師と受講生の双方に同じような経験があると思います。こういった時に、観てもらう人は「自分が何を描こうとしたのか」「何を表現したかったのか」を伝えてみる。そして観る人は「私には、こういう感じに見えます」と伝えるようにしてみてはいかがでしょうか。

チェックの際、相手が何を言っているかわからないというときには、「描く人」と「観た人」で、映像の向こう側に表現したいものや見えているものが異なっているケースがあります。私自身、映画制作に関わっている際に「描こうとしている内容や対象の認識が監督と異なる」といったことや、「お互いが持っている共通感覚や表現に対する理解の仕方にズレがある」ということが何度もありました。そんなとき、自分の意図や認識を伝えることで、監督の意図や感じ方、教えを授かることができ、結果としてお互いの共通感覚が近づきました。そのうち、監督から「これお願い

していい？　見ればわかるから」と依頼され、説明抜きに手伝いを引き受けることにもなりました。

集団制作というのは、一つの作品をみんなで作るということです。しかし、同じ志の人が一つの作品を作っていて同じものを目指していたとしても、共通感覚には、世代、性別、体力差、文化、価値観といったさまざまな人生経験が含まれます（Part1を参照）。同じ地域、同じ文化の中で育てば共通感覚が近いこともたくさんありますが、一人一人人生経験は異なりますので、全ての人が100％同じというわけではありません。人によって多少の差異がある方が、むしろ自然とも言えます。それは、「同じ目標を目指している」といっても、作品の解釈の仕方や表現方法、表現の受け取り方、表現の何を大事にするかなどがそれぞれで多少異なることがある、ということでもあります。ですから一つの作品を一緒に作っていたとしても、お互いの共通感覚を確認し、方向性を修正し合うことが必要になるケースはよく起こり得るのです。

「聞いてみる」「話し合う」「アイデアを出してみる」といったことは、可能であるなら恐れずに、また相手へのリスペクトも忘れずにやってみてほしいと思います。聞いてみたり、話してみたりした結果、相手と共通感覚が違っていたとしても、それは新たな「発見」であって、新たな共通感覚の一部になっていきます。

実際に私自身、制作現場で監督から「いなちゃん、これ違うよ」と言われることはこれまで何度も経験していますが、ある時から一方的に受け入れるのではなく、ズレを感じる時にはその都度「○○な感じに見えるということですか？　□□と思って描いたのですが？」と聞くようにしました。表現に対する考え方や感じ方、作品の方向性など、お互いを知ることができ

ますし、アニメーションを創る時にはいくつかある表現方法から選択をするようなことがたくさんありますが、そういった時にも考えようが出てくるようになりました。その経験から、作品制作が佳境に入るとスタッフ全員が忙しくなりますから、そうなる前に色々なことを確かめておくようになりました。

　集団制作において共通感覚の違いは、決してマイナスなことではありません。物事には多種多様な見方や感じ方があり、多くの正解があります。一つの見方、一人の感覚ではなく、多くの人の見方や感覚が集まることで、一人のキャラクターを多方面から描くことになり、そのキャラクター表現の厚みが増すことは、集団制作だからこそ生み出される利点とも言えます。共通感覚の違いによって監督とのズレがあり、その時に描いた素材が使えなかったとしても、新しい発見と経験が手に入ったことになります。その上、修正をすることでより伝わる表現にも挑戦でき、修正前と修正後の2倍の経験を獲得できるチャンスだ、というようにポジティブに考えるようにもなりました。集団制作の

中で「お互いの違いをも楽しむ」ことは、共通感覚を得たり育んだりするコツの一つなのかもしれません。

共通感覚の内側と外側

　共通感覚の内側、外側か、どの立ち位置で表現するべきか、という選択とその是非を問われることもあります。制作している作品において、「誰のために、誰に向かって、何を表現するのか」「どのような結果を期待するのか」などということにも関係しますので、その前提条件がないこの場では一概には言えません。

　しかし、自分自身の中に存在したり生まれたりした言葉にならない感情やイメージといったものを、あえて共通感覚の外側で、既存の表現に収まらない方法で表現したい、作品を創りたいという欲求が、表現を追求する過程で漏出してくることは、ままあると思います。内在するものをも伝えたいと思えば思うほど、技術と表現の限界に出会い、その壁を越えたくもなるものです。

　表現の歴史は、発見の歴史でもあります。絵画の世界でも、モネやゴッホといった印象派は、当初はその表現への挑戦を認めてもらえませんでしたが、今では多くの人たちがその表現を理解できるようになり、受け入れ、堪能しています。現代の抽象絵画は、絵画に携わる人であっても「実は7割はわかりません」と言う人もいますが、その絵と「通じ合えた」人にとっては、作品はとてつもない宝物となります。

　アニメーションにおいても、同様のことは言えると思います。常に表現の可能性を追求し発見することは、日本の商業アニメーションにおいても不断なく行われ、選択されてきました。不特定多数の7割〜8割に受け入れてもらうことを要求されることもある、いわゆるエンターテインメント業界の中にいる私も、既存のパターンでは表現できず、試行錯誤してきました。これまで描いたことのない方法で描いてみては「この表現ならばギリギリ伝わるのでは」「いや、これはやりすぎで伝わらないのでは…」「（自分を）もっと解放しても良いのでは…」という自問自答を繰り返し、共通感覚の内側と外側の行き来を繰り返すこともありますし、監督から既存の表現の中に自分が感じたことのないエッセンスを織り込む表現を要求されることもあります。

　人には観せることなく自分のためだけに創る作品や、観客に理解されなくてもいいのだと覚悟を決めるなら、全てを共通感覚の外側だけで創るという選択もあるでしょう。エンターテインメントだとしても、茫漠たる観たこともない理解不能な表現を必要とするならば、共通感覚の外側を探す必要が出てくるかもしれません。不特定多数に対し、手にとるように日常を感じてもらう理解が必要なときに、「手にとるように」というところに集中しすぎるあまり、自分の個人的な感覚にこだわって共通感覚の外側での表現欲求に身を任せれば、日常芝居であっても多くの人には受け入れられない表現になる可能性もあります。

　一方で、共通感覚の内側に固執したり既存のよく知られた手法での表現に身を流されるままに任せたりすれば、多くの人に理解されやすくはなるかもしれませんが、発見のない退屈な表現になるかもしれません。ここは本当に難しいところで、追求すればするほど、創り手の性格によっては、その表現の選択には勇気と覚悟が必要な場面になることもあります。

　私はときどき、映画の日常芝居の中であっても既存の表現に加えて、自分の体感をより鮮明に伝えるために、観た人が気づかないところで挑戦をすることもしています。もしかしたらこれは、既存の表現を良しとする人から見ると「外側」に位置するのかもしれません。私にとっては、いつも表現のために一歩踏み出すかどうかの決断力が必要な場面です。私が長く仕事で仕えた監督は元アニメーターなので、その挑戦を

習作「女の子のスキップ」

これは、連続テレビ小説『なつぞら』(2019)の企画「なつぞらアニメーション」に応募して取り上げられた作品の、女の子のみの素材です。高揚した気分を表現するためにスキップする体感を拡大解釈し、動きを大きく誇張してもなお自然に表現し伝えられるかを試みています。

▶▶ **2-5　女の子のスキップ**

見破ると、小さな声で「うん、わかる。大丈夫」と言っていました。共通感覚の内側にギリギリ入っている、ということなのでしょう。

一つだけはっきり言えることは、決して天才ではない私が共通感覚の内側と外側を使い分けて集団制作での創作に参加できているのは、日々の仕事の中でさまざまなアニメーションを描き、監督や仲間と議論し、意識的に共通感覚を獲得しようとしていたからだと思います。「伝わる」のか「伝わらない」のか、「今ここではどう表現するべきか」を考え、今現在もさまざまな表現の挑戦と選択をしていますし、できたアニメーションを後輩や周りの人に見せて、率直なフィードバックをもらっています。

ある映画が完成して3年くらい経ったある日、仕事中に監督から「あれは良かった」という言葉を頂きました。挑戦に対する評価には、やはり時間がかかることもあるようです。もう少し、早く言ってほしかったと思いましたが…（笑）。ある集団の中での、ある一定程度の共通感覚を理解したからこそ、それと隣接する多くの人と共有する共通感覚の中（内側）と、伝えにくく理解されにくいかもしれないが内在するものを表現した部分（外側）を意識的に使い分けていたとも言えるのかもしれません。

もし今、自分の経験からみなさんに何か伝えるとしたら、「人と出会い生身で色々なことを経験し、良い仲間や師匠を見つけてたくさんアニメーションを作り、アニメーションで遊びましょう。そしてそれを見せ合い、フィードバックし合い、好きな作品はきちんと心に持った上で、試しに好きではないと思う作品も努力して観てみて、世界を広げてみてください」。そして、「創り手としてどのポジションに立つとしても、恐れずに表現し、技術を追求してアニメーションと向き合ってください」ということでしょうか。

2-4 特別講義2 波の表現

講師：小田部羊一

※2012年に那須の合宿所で行われた「アニメーションブートキャンプ2012」に、アニメーターの小田部羊一氏が講師として参加されました。本原稿は、その講義内容をもとに加筆修正を行い掲載したものです。言及については当時のものであることをご了承ください。

はじめに

僕は50年近くアニメーション畑にいました。この講義では、自分が夢中になって作ってきた体験、作りたいと思うものを作ってきた経験についてお話したいと思います。

アニメーションにおける表現と一口にいっても、アニメーションも50年の歴史の中でさまざまな様式があり、歴史を重ねて現在があります。僕の同僚の先輩に一流のアニメーターである大塚康生氏がいますが、「アニメーションなんて50年もすればつぶれてしまうのだ」と話していました。というのは、芸術の流れなどは50年もすればどんどん変わってくるからです。アニメーションの形式も、ある何かは終わって、次の新しいものが生まれてくる。「我々の作ってきたアニメーションなんて、もう終わるよ」と言うけれど、どうでしょう。先日、イタリアのフィレンツェで見てきた古い美術品は、芸術としては決して古びずに感動を与え続けている。だから僕は、アニメーションだって滅びることはないと思っています。

もちろん常に新しいものを作り出していく必要はありますが、そういうものは古いからといって、古臭くはありません。しっかりと力を持っています。僕たちはアニメーションで何かを表現するのですが、結局はその表現をもっと深く掘り下げたり、新しいものを目指したりするのだと思います。僕も東映動画（現・東映アニメーション）にいた時に、常にそういう意識を持って取り組んでいました。

今回はアニメーションにおける自然現象について語ろうと思います。キャラクターを表現するときでも、その情景の中には自然現象が多くあります。雨が降ったり、風が吹いたりとか、そういった表現を求められることが意外と多くあります。

感銘を受けた『ピノキオ』の波

ディズニーの『ピノキオ』は1940年の作品ですが、当時日本は戦時中だったため、日本に入ってきたのはずっと後で、僕が中学生の頃です。僕は子供の頃から絵が大好きで、落書きをしたり水彩画を描いたりしていました。自然に映画が好きになったし、アニメーションを見るのも好きでした。

『ピノキオ』の中に、海でおじいさんがくじらに飲まれ脱出するシーンがあります。当時は子どもだったので、それを当たり前の映像だと思って見ていました。ですが自分がアニメーションを作るようになってから見直してみたら、「なんてすごいことをやっているのだろう」と感心したものです。実は僕の心の中に一番残っている自然現象は、『ピノキオ』の波なのです。

自然現象を扱うのは、実写映画ではさほど苦労はありませんが、これを絵にするとなると、とてつもない大変さがあります。波しぶきを一つずつ描いたり、波の頂にタッチを入れたり、波の影を半露出にしたり…。だけどディズニーではそうした挑戦をしていた。普通は敬遠されるような絵を、当たり前に作っていたのです。

『白蛇伝』の波はなぜ良いか

僕が学校を卒業して、東映動画に入る前に『白蛇伝』（1958）という映画が作られました。日本で最初のオールカラーの長編アニメーションです。この作品のラスト付近にも波のシーンがありました。

それまで、僕は日本のアニメーションはたいしたことはないなと思っていたのですが、今では『白蛇伝』の波が日本で一番良いと思っています。ディズニーの『ピノキオ』と比べても簡単な絵ですが、何がすごいかといえば、荒れ狂う波のボリューム感と力。描くのは大変ですが、それにめげずに描こうとしている意識が感じられる。作画をする人たちの気持ちが入っているからこそ、最高なのです。技術的には劣るかもしれませんが、ものづくりというのは形ではなく、それに何を込めるかだと思います。

僕らが東映にいた頃には、まだディズニーに追いつけ追い越せという気持ちで、アニメーションは動くものだという気概を持って頑張っていました。しかし最近のアニメーションは、経済的に枚数を省略してしまっているので、今の人たちは膨大な枚数を使って描いた圧倒されるようなアニメーションになかなか出会えないと思います。波の表現はともかく、『白蛇伝』の、映画としてはディズニーに近いものを作ろうという気概に僕は感動しました。そして東映動画を受験して入社でき、そこから僕のアニメーション人生が始まりました。

東映動画に入社して

僕が東映動画に入った時には、『少年猿飛佐助』（1959）という忍者のアニメーションを作っていました。僕が担当したわけではありませんが、やはり水や波の表現がかなり工夫されていて、頑張っていました。

この作品では、波の表現にそれらしい感じを出すために、画面全体に波ガラスを使って撮影をしています。その他にも、透明感が出るように、人物と背景をまず半分の露出で撮り、次に飛沫のセルを加えてまた半分の露出で撮影しています。そうすると人物は50%+50%で100%の露光になり、波だけが50%で下のものが透けて見えるようになる。普通のカットは

100%で撮影するのですが、こういった「二重露出」という手法を使っていました。波のフォルムも単純ですが、きっちりと描き込んでいて実は手間がかかっています。観客は自然現象なのでなんとも思わないかもしれませんが、作画をする実際の現場はとても大変でした。アニメーターとしては、こんなシーンが来たらいやだなぁという気持ちのほうが、正直言うと強かったです。

そして2年後に作った『アラビアンナイト・シンドバッドの冒険』（1962）。この映画にも波が出てきます。この作品でも画面全部にわたって波を描いています。波の表現はだいたい面倒で、枚数も描かなければならない。波の原画を担当する人は限られていました。この時代だと、キャラクターも描けて手も速い大塚康生氏か大工原章氏が担当することが多かったですね。『シンドバットの冒険』の嵐のシーンでは、波頭の表現等に注目してみてください。

初原画『わんぱく王子の大蛇退治』と
同年公開の『わんわん忠臣蔵』

東映動画は次の年に『わんぱく王子の大蛇退治』（1963）という作品を作りました。僕はここまで動画として3年やってきて、この作品で初めて原画を描かせてもらいました。昔は原画の次に第二原画という仕事があり、第二原画が原画をクリーンアップして、さらにもう一枚中間の動きを描いていました。そしてその次に僕ら動画で、クリーンアップされた動きの間を埋める。その仕事の中で、先輩から動きの軌跡をどういう詰め方で描けば良い動きになるかや、どうすれば線をきれいに描けるのかということを、自然に覚えられるシステムになっていました。3年くらい動画を経験するとだいたい動きがわかってきて、原画を描けるようになります。

僕はこの『わんぱく王子の大蛇退治』で原画とともにキャラクターデザインも初めてやらせてもらいました。この作品は日本の神話の世界をアニメーションにしたもので、天を飛ぶ馬、天早駒（アメノハヤコマ）のキャラクター設定図を描いたり、動かしたりしました。

この作品で僕に初めて「水のシーン」の原画が回ってきます。主人公のスサノオが、水田を作るために川をせき止めようとして、それが失敗して決壊し、洪水を起こして神様に怒られるというシーンです。キャラクターデザインは埴輪などをイメージしてキャラクター作りができましたが、水は何を参考にしたらいいのかわからず、自分なりにどういうふうに表現しようかと考えて描いてみたのですが、実はあまりうまくいきませんでした。

それから、同じ年に公開された『わんわん忠臣蔵』（1963）という作品があります。東映動画なので時代劇が得意で、忠臣蔵を動物に置き換えてアニメーションにしました。やはりこの作品でも水が出てきます。僕は海のシーンを担当しています。なぜか好きでも得意でもない水のシーンが回ってくるようになってしまいました。

このシーンは僕の初期の頃の水の表現になります。海の水なので、参考のためにと、監督と原画の人たちと数名で伊豆半島に波を見に行きました。一緒に行った人が参考に8ミリフィルムで映像を撮ったのですが、上手く撮れていなくてボケボケの映像で何の参考にもならず、結局、自分の記憶や体験した波の感じを参考にしながら描きました。

それから、上から見た波をどう表現しようかと考えた時、あるアニメーターの机の横に貼ってあった「墨流し」が目にとまりました。墨流しとは、墨や絵の具を水の中にポトンと落として、それをパッと紙で剥がし取ると絵になるという表現です。それを見た時、なぜか僕には波に見え、こういうイメージで作りたいなと思ったんです。全く別のものからヒントをもらえま

した。今から思うと、もっと波紋などを入れておけば
よかったなと考えることもあります。

方向性を決めた
『太陽の王子 ホルスの大冒険』

次に高畑 勲氏の劇場用初監督作品『太陽の王子 ホ
ルスの大冒険』(1968) を作りました。作画監督が大
塚康生氏で、映画全体の情景、世界観に宮﨑 駿氏が
関わっていて、僕は原画として参加しました。この時
にスタッフとして一緒にやれたことが、この後の方向
性を決めることに繋がっていて、僕の出発点となった
作品です。この作品なくしては、僕のその後の作品づ
くりの流れはありえません。

映画というのは、作品の中で世界を作り上げるとい
うもので、それができたら最高だと思います。架空の
世界なのに、まるで手づかみできるように感じられる
世界を作り上げる。僕はそんな作品作りこそ、映画の
一番面白いところだと思っています。『ホルス』は、
リアリティがある、そんな世界観を確かなものにしよ
うと、初めて挑んだ作品でした。嘘であってもリアリ
ティがあると思えましたし、しっかりした映画を作ろ
うと思えた作品でした。

この映画では、僕はいろんなシーンを担当しました
が、その中でいくつかまた波のシーンが回ってきてし
まいました。あいつは波が得意だから渡そう、と思わ
れたわけではなくて、「手が遅いし、どうせ波は時間
がかかるものだから任せようということで回ってきた
のよ」とパートナーの奥山玲子に言われたものです。

この作品では主人公のホルスという少年がいて、お
父さんは昔の廃船を住処にしていました。そのお父さ
んが死んだ時、船ごと火をつけて火葬し、船出をす
るシーンを担当しています。それと次の2カットだけ
なのに、どう描いていいかわからない。やはり実際の
海を見てみようと、一生懸命、波ばかり見ていたので

すが、見れば見るほど複雑でどう描いていいかわから
ない。それで1カットに一ヶ月もかかってしまいました。

自然現象といっても作品ごとのスタイルというのは
必要で、実は飛沫なんかも本当はもっといっぱい付け
足したかったのですが、これだけでも30日かかった
記憶があります。会社も僕の進捗を見てイライラした
と思うし、今ならとっくにクビだと言われそうですが、
でも実際にそれだけ苦労したシーンです。

初の作画監督『空飛ぶゆうれい船』

その次が翌年の『空飛ぶゆうれい船』(1969) とい
う映画で、初めて僕が作画監督をやらせてもらった作
品です。これは今まであった東映長編の中でも、予
算が少ないB作といわれる作品でした。なので作画
枚数も制限し、表現もデザイン的に簡単にすることを
心がけた最初の作品です。この作品でもラストシーン
に波が出てきます。

その波は、奥山玲子が担当しました。その当時は
何の意識も持たなかったのですが、今見ると色々と複
雑な色分けなどをやっていることに気づきます。近年、
雑誌で庵野秀明氏が取り上げてくれて、「この波は最
高だと思う」と書いてくれた記事を見つけて、ちゃん
と評価してくれる人がいるのだと思いました。

『空飛ぶゆうれい船』は、『ホルス』で苦労を乗り
越えた後だったこともあり、わりと気楽に作った作品
です。キャラクターも身体全体を動かさず、口だけを
動かすようなカットもあり、単純な方法を使っている
のですが、それはそれで、今のアニメにつながる近
代的な手法として面白がってくれる人もいます。

新たな波の開発『どうぶつ宝島』

そして2年後に、『どうぶつ宝島』(1971) という作
品を作ることになりました。これは予算を落とした映

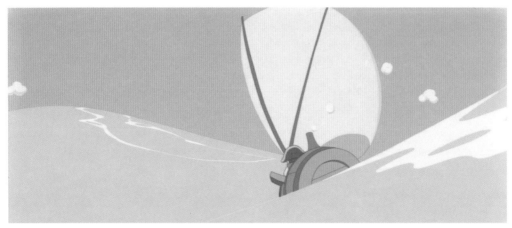

『どうぶつ宝島』のオープニングの海のシーン © 東映・東映アニメーション

画ではありませんが、ビジュアルの簡略化を目指して作ったものです。

　このとき僕が監督の池田 宏氏に言われたのは、「宝島なので海に出かけなければならない。水というものは、一生懸命描いてもスケジュール通りには上がらないので、とにかくみんなが描きやすい波、そんなものを作ればスケジュールが少なくてもうまくいくのでは」ということでした。そして「一ヶ月あげるから、波のスタイルを考えてくれ」と頼まれました。今思うと、事情がどうであれ、みんなが働いているときに一

ヶ月も時間を確保してくれた監督はえらいと思います。

　その結果、どの部署にとっても面倒ではなく、きちんと海の水に見える、作画の人も仕上げの人もやりやすく、撮影技術をそこまで必要としない、そんな誰もが困らない波の表現を目指しました。僕自身、『ホルス』で大変な経験をしているので、そんなことを考えて作った波のスタイルです。

　『どうぶつ宝島』のオープニングで、宝島を目指して行こうと初めて海に乗り出すシーンがあります。このシーンの波は、いかに単純化しているかというのが

『どうぶつ宝島』の嵐のシーン © 東映・東映アニメーション

わかると思います。圧倒的に線が少ない。そして透明感も塗り分けだけで表現している。波紋もありますが、普通だったら透明感を出すために二重露出にしたりするものですが、これは塗りだけです。波頭も動くことは動くけれど、複雑なことは一切していません。丸い形の波が多いのですが、いちいち細かな波を描くのは大変なので、単純な形の波にしたのです。

　もう一つ、嵐のシーンがあります。そのシーンに登場するのも線が少ない単純な波ですが、色を思い切って黒にしました。これらの波の形、スタイルは読者のみなさんも見慣れたものではないでしょうか。たいていこの波をどこの制作会社でも使っていると思います。もちろん僕もいろんな作品で使いましたし、宮﨑氏もえらく気に入ってくれて、自分の作品でもジブリ作品でもこの単純化した波をたくさん使っているわけですが、これは1971年の作品ですから、この波のスタイルが一般的になってもう40年以上になるわけです。

　いろんな自然現象のシーンがあっても、なぜかこのスタイルが続いているのは、やはり新しいものを作るために準備する時間が取れていないからだと思います。今はスケジュール管理で会社からのプレッシャーもあって時間が取りづらい。時間をかけて新しいスタイルを作るなんてことはやっていられない、今まであるものを使っていこうとなってしまう。そんな精神も影響しているのではないかと思います。

　同じスタイルの波を使った作品に、中篇劇場用アニメーション『パンダコパンダ』（1972）があります。僕は東映を退社した後、『パンダコパンダ』に携わりました。単純化した水、複雑な方法をとらない水を、ここでも使っています。

　先ほどもお話ししたように、ずっとこのスタイルが使われているわけですが、僕が一番気になるのは、今のアニメーションではこのスタイルや形だけが使われて、動きが伴っていないものが多いということです。

『パンダコパンダ 雨ふりサーカス』の洪水のシーン © TMS

この作品では、単純ではありますが、枚数は使っています。本当はもっと中割りの枚数が欲しいくらいです。やはり水に何かが浮かぶ感じを出すには、枚数は必要ですし、波だって、形は単純でもそれがどういうタイミングで動くかにこだわれば、枚数は絶対必要です。枚数が足りないと、ただ形だけが単純になってしまって水には見えないのです。最近、時々見るアニメーションでは、何故か枚数が足りず、水を感じさせるものになっていない。それではだめなんじゃないかなと思っています。

動かすために任天堂へ

　次は1985年に話が飛びますが、この年、僕は任天堂というゲームの会社に行きました。なぜゲームの会社なのと不思議に思われるかもしれませんが、その当時、コストの低い作り方の映画が当たり前みたいになって、なるべく動かさないでアニメーションを作ろうというのが一般的な風潮になってしまい、それは僕にとっては、アニメーターとして何をやっていても面白くなかったのです。動かしてその世界を作るのがアニメーションなのに、キャラクターを生き生きとさせる、あるいは自然現象だって生き生きと見せようとしているのに、そんなものは必要ないと言われる。

そんな時に『空飛ぶゆうれい船』『どうぶつ宝島』の監督であった池田 宏氏が任天堂に移籍していて、いつの間にかゲームの開発をしていると聞き、びっくりしました。僕らが東映を出た後どんどん会社が変化していて、池田氏は東映でコンピュータでの映画作りの部門に回って、開発の研究室みたいなところにいたそうです。そこで色々なコンピュータ関係の人と付き合っているうちに、任天堂と接点ができて、東映を出たようです。そして任天堂でも、『スーパーマリオブラザーズ』というゲームを作る部署の部長になっていました。

その彼から、突然電話で任天堂に誘われたのです。ゲームは何も知らないくていい、アニメのノウハウが必要だと言う。それで手伝いに来てくれと言われました。僕は、インベーダーゲームくらいしか見たことがないし、やったこともない。しかし当時いたアニメの現場は枚数を使って動かせないので面白くない。そこで何か役に立つことがあれば行きますと答えました。

初めてマリオのゲームを見せられたのですが、僕はアニメーションそのものを感じました。次に何が出てくるかわからない、崖があったらうわっと驚いたり、土管があったら入る、ハッとするような画面の中の世界。あるいはちっぽけなキャラクターが、飛び跳ねたり、つるっと滑ったり、あるいは落ちそうになったりしている。本来のアニメーションの世界では動かせないのに、ゲームの世界では、単純ではあるけれども、一生懸命動かそうとしていました。それに気づいて、これなら僕の力も貸せるかもしれないと、気楽に思いついたアイデアを描いて出したりしているうちに、いつの間にかゲームに取り入れられるなんてこともあったりしました。

『マリオ』のゲームを作った宮本 茂氏は、金沢美術工芸大学出身で、絵は描けるけれどアニメーターのように動きは描けない。自分ではマリオのイメージは持っているけれど、それをどんどん展開しなければなら

ない。その役を僕が担いました。マリオはどんなことをするのかなあ、なんて聞きながら、キャラクターのポーズを作っていきました。

ゲーム開発の人たちはみんなアニメーションが好きです。アニメーターのようには描けなくても、3Dのモデルを作ってしまえば動きを作ることはできるでしょう。しかし本当に生き生きとした動きを作るまでは大変です。それは3Dになろうと、紙であろうと変わりません。自分の中にあるイメージを紙と鉛筆だけでも表現できる力をきちんと持っていれば、通用します。

面白そうなので、僕は3Dのモデリングを覚えたい、教えてほしいと思っていました。でも「小田部さん、それはいいかもしれませんけど、僕たちが作っていることに対して勝手に『いや違うのだけど…』と言っているほうがいいですよ」と言われました。3Dのモデルを作るのには色々と制約があって、もしそれを覚えてしまったら、3Dで動かしやすい方向に、これだったらできるという方向に流れていってしまうと言う。どうも僕は、3Dの人が作ったものを見て「ここはおかしいのではないの？」と難題ばっかり言っていたそうです。だって紙だったら自由に描けますからね。それが3Dでは表現されていませんでした。

結局、僕は自由を取りたいと、3Dを覚えることをやめました。まあちょっと損をしたかなという気もしますが、やっぱり作りたいものが先にあって、それを目指して作っていくことをしなければいけないと思ったのです。

任天堂には1985年に行っていますが、その3年後の高畑監督の作品『火垂るの墓』(1988)にパートナーの奥山玲子があるシーンを任されました。それは海辺のシーンで、高畑監督が奥山に「小田部さんと一緒にそのシーンをやってくれ」と言い、奥山はキャラクター、僕は水を担当したのです。でもこれは大変でした。キャラクターと波を一緒に描く場合は問題ないでしょうが、彼女がキャラクターを描いて、そこに僕

が水を描いて、またそれのタイミングを合わせてタイムシートをつけるというのは、とても難しい作業でした。昼間は任天堂に行って、夜は作画の手伝いという二重生活でかなり大変でした。しかしこの水のシーンは高畑監督がきちんと評価をしてくれて、「波頭だけで水を表現してくれた」ということを言ってくれたのが嬉しかったですね。

『崖の上のポニョ』を観て

『崖の上のポニョ』(2008) は、宮﨑氏が新しい波の表現に挑戦するらしいと聞いて、楽しみに観に行きました。さすがの出来だと思い、嬉しかったと同時に、がっかりしたことも事実です。なぜかというと、『どうぶつ宝島』以来、ずっと新しい波が生まれてこなかったのに対して、『ポニョ』で宮﨑氏がすごい波を作ってしまった。でも本当は宮﨑氏ではなく、若手が挑戦するべきだったろうと思ってがっかりしたのです。ジブリの持つ環境だから時間をかけて開発ができたのだと思います。でも本当ならば、違う環境の中から若手が生み出してほしかった。それが残念でした。

『ポニョ』の波は素晴らしく、他の動きもきちんと枚数を使って複雑なことをしています。これをやらずに形だけ真似するのはだめですね。枚数を使わないとやはり表現できません。もっとスタイルにこだわるのかと思っていたのですが、とてもダイナミックでした。宮﨑氏は活力、エネルギーで作る人なのだと改めて思いました。さすがだと思います。

さて、最近は宮﨑氏の他には波の開発を誰もやっていないかと思っていたら、実は先日、『ももへの手紙』(2012) を観に行ったら波が出てきて、とても頑張っているので嬉しかったですね。聞いたら担当されたのは井上俊之氏でした。井上氏とは、日本アニメーション学会で水について対談したことがあります。

おわりに

水はいくら見ていても見飽きない。とても複雑です。みんな何かしらアニメーションを目指す理由があると思いますが、僕の出発点は「不思議だ」という気持ちです。アニメーションが生きて見えないということは、対象を見て感じていないということです。最近の作品は、本当に感じて作っているのかなと疑問に思うこともあります。情報社会なので、探せばいくらでも参考資料は出てきますが、それで終わってしまっているのではないでしょうか。やはり本物から感じなければいけません。宮﨑氏は好きだから自分で体験し、すごいなということを感覚でやっているからあんな表現ができるんです。きちんと感じて作ること。みなさんの体験したこと、感じたことを絵にしてほしいと思います。

Profile
小田部羊一 (こたべ・よういち)

1936年台湾台北市生まれ。アニメーター、キャラクターデザイナー。東京藝術大学日本画科を卒業後、東映動画株式会社に入社、数々の劇場用作品に係わり、その後Aプロダクション、ズイヨー映像、日本アニメーションを経て、フリーの活動を開始する。1985年、任天堂株式会社に開発アドバイザーとして入社、アニメーションのノウハウをテレビゲームに取り入れる。2007年に任天堂を退社、再びフリーでの活動を開始する。主な代表作に『空飛ぶゆうれい船』(1969)、『パンダコパンダ』(1972)、『アルプスの少女ハイジ』(1974)、『母をたずねて三千里』(1976)、『じゃりン子チエ』(1981) などがある。『ポケットモンスター』アニメーション監修 (1998〜) なども手がける。

Part 3

身体で感じる

は じ め に

　本章では、〈共通感覚〉のベースとなる身体の意識化のレッスンとして、2つのワークショップを紹介します。アニメーション、とりわけキャラクターアニメーションが上手くなるためには、自分の身体——しかも全身を使うことが大事です。本章ではそのことを、実際に身体を動かしながら理解してもらいます。

　身体を動かすことは苦手…、というインドア派の人でも大丈夫です。なにもプロの俳優やスポーツ選手のように、巧みに身体を動かす必要はありません。ただ、自分の身体で感じたことを基点にして表現する、ということが大切です。

　このワークショップでは「身体で感じる」とはどういうことかについて、具体的に、ステップバイステップでみなさんに理解してもらいます。みなさん自身の身体を意識するためのレッスンです。実際に身体を動かしながら、体感を確認してみてください。

　ただし、普段あまり身体を動かしていない運動不足の人はくれぐれも無理をせず、頑張りすぎないこと。無理な動きをすると、身体を痛める危険性があります。その点は十分に注意してくださいね。

　それでは早速、身体で感じた感覚を基点としたアニメーション表現へと向かうための、準備運動を楽しんでください！

3-1　ワークショップ❶　重心を感じる

 **レッスン1**　まずは自分の身体の「重さ」と「重心」を感じてみましょう。

POINT　このレッスンは地面が滑りやすいと危険なので注意してください。できれば靴や靴下を脱ぎ、裸足で行うとよいでしょう。

動作の手順

❶ 足を肩幅よりもやや広くして立ってください。そして、ゆっくりと右足に体重をかけていきます。初めはつま先が上がるくらいまでです。

　次に、同じように左足のほうに体重をかけます。ゆっくりと体重が片足に確実に乗るところまで上げてみましょう。

　この単純な運動によって、みなさんの身体の重さの「重心」が、右へ、そして左へと、ゆっくり移動するのを感じられたでしょうか？

❷ 次に、足の幅をさらに広げて2倍くらいにしましょう。そして先ほどと同じように重心を移動させて、片足に体重が乗るところまでゆっくり足を上げてください。

❸ さらに足の幅を広げて、最初の2.5倍くらいにできるでしょうか。もしできたら、また同じように右へ左へと重心を移動させましょう。

　おそらく最初の足幅に比べると、重心の移動がかなり大変になるはずです。片足に体重をかけるためには地面を蹴り上げたり、勢いをつける必要があるでしょう。

体重を乗せる

蹴る

💬 ふりカエル

 どうだろう。単純な動作だけれど、足を広げていくにつれて、
自分の身体が意外と重いと感じたんじゃないかな？

 はい、2.5倍はかなりキツかったっす…。

 このレッスンを他の人と一緒にやってみると、どれくらい足の幅を広げられるかは、
人によって異なるということがわかるはずだよ。

 オイラのように大きな身体や…

 ワタシみたいに軽やかな身体では、違うってこと。

 そう。体重や身長、筋肉量などによって「重心の移動」のための労力が人それぞれ異なるんだ。

 「重心の移動」…？　なるほど、このレッスンはそれを体験するのが目的だったんですね！

 その通り。重心の移動量が大きくなるほど力が必要になり、地面を強く蹴ったり、
勢いをつけなければならないということを、身体で感じてもらったわけだ。

レッスン2 次に、身体のバランスを感じるレッスンです。
このレッスンは段階的に3つの動作で確認してもらいます。

動作Aの手順

❶ 壁際に、横向きで片方の肩が壁につくように立っ
てください。そして足に注意してください。壁から「足
幅1足分」だけ、足が離れるように立ってください。
このレッスンでは、このようにみなさんの身体をモノ
サシとして使います。ここでは、足幅1足分です。

❷ 次に、壁に寄りかからないようにして、壁から遠い
ほうの足を上げようとしてみてください。この状態で
は、壁と反対側の足は上がらないはずです。そのこと
をまずは確認してください。

❸ 今度は壁から足幅2足分離れましょう。さっきより
ほんの少し離れて、足幅2足分です。先ほどと同じよ
うに壁と反対側の足を上げてみてください。今度は上
がったのではないでしょうか。

💬 ふりカエル

このレッスンでは、足を上げるためには、腰や肩が足とは反対側に動いて
バランスを取っている、ということがわかったんじゃないかな？

はい。腰や肩がたった足幅1足分動けないだけで、
反対側の足が上がらなくなっちゃうのは、ちょっと不思議でした。

よし、それじゃあ、そのことを「お辞儀」の動作でも確認してみよう。

え、「お辞儀」ですか？ なんか、行儀作法のレッスンみたいだなぁ…。

動作Bの手順

❶ 壁を背にして立ちます。かかとを壁にぴったり付けてください。

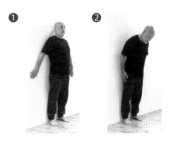

❷ 上体をゆっくり前に倒してください。転ばないように注意してゆっくり前に倒してみて、どこまで倒すことができるかを確認してください。

❸ 次に、今度は足の縦半足分だけ壁から離れて、再び上体をゆっくり前に倒してみて、どこまで倒すことができるかを確認してください。

ふりカエル

 「お辞儀」っていうより「前屈」っすね。

 呼び方はともかく、どうだった？ 足の縦半足分、壁から離れたほうが、ずっと楽に前傾できたんじゃないかな。

 はい。ちょっと壁から離れただけで、お辞儀ができるようになりました。

 お辞儀するとき、私たちは腰を移動させてお尻を後ろに出すことでバランスをとっている。お尻を出すために必要なのは、実は「足の縦半足分」というわずかなスペースであることがこのレッスンでわかるよね。

 よし、次はしゃがむ動作でも確認してみるぞぅ！

 え、お辞儀の次はスクワット？ 今度は筋トレっぽくなってきたぁ。

動作Ｃの手順

❶ 動作Ｂと同じく、壁を背にして立ち、足の縦半足分だけ離れてください。

❷ 身体をできるだけまっすぐな状態にしたまま、ゆっくりしゃがんでみてください。どこまでしゃがめるかを確認しましょう。

❸ 今後は足の縦1足分、壁から離れて、同じようにしゃがんでみてください。

💬 ふりカエル

 どうだった？

 足の縦半足分では途中でお尻が壁にひっかかって、しゃがみきれなかったけど…

 足の縦1足分ならしゃがめました！

 そうだろう！

 お辞儀と同様に、私たちはしゃがむときも、お尻を後ろに出すことでバランスをとっているんだ。でも「重心」との関連でいえば、重要なのはお尻ではないよ。どこだと思う？

 う〜ん、頭かな？

 NO！ヒントは、肝心要の「要（カナメ）」という字が入った漢字よ。

 あ、わかった、「腰」ですね！

そう、身体の重心のバランスを取るためには、腰が重要な役目をしている。文字通り、私たちの身体の動きのカナメになる。お辞儀したりしゃがんだりするときにも、腰の移動によってバランスがとられていて、しかもその移動量がほんのわずかあるかないかの違いだけで、動けたり動けなかったりするんだね。

片足を上げるだけでも、思った以上に身体が横に動くんですね

レッスン3　最後に、「椅子から立ち上がる」動作における重心の移動を、
2つの動作で体感してみましょう。

動作Aの手順

❶ 膝の角度が90度になるように椅子に座ってください。

❷ 腕を使わずに立ち上がります。

❸ 膝の角度を90度よりも大きい鈍角にして座ります（足がほんの少し、さっきよりも椅子から離れることになります）。

❹ 腕を使わずに立ち上がることを試みても、それが不可能であることを確認します。

ふりカエル

今度もまた、ちょっと足の位置を変えただけなのに、全然立ち上がれませんでした…。

椅子に座っているとき、私たちの体重の大半はお尻、つまり腰にかかっている。一方、立ち上がったあとは、全体重が足に乗っかることになる。座った姿勢から立ち上がるためには、お尻にある重心を足のほうに移さなければならないけど、移動量が大きいと立ち上がれなくなってしまうわけだ。

普段、何気なく立ち上がっている動作も、「重心の移動」だったんですね。
日常的な動作も、あなどれないなあ。

 そう、実は日常の動作を改めて観察してみると、私たちが当たり前に行っている動作に、一定の法則性があるということがわかるはずだ。その法則性を理解することが、キャラクターアニメーションの演技の基礎になるんだよ。

 そうか、やっぱりこれもアニメーションのためのレッスンだったんですね！

 もちろんだ！（ようやくわかったのか…）

 ところで、立ち上がる動作は下半身だけでなく上半身の移動も重要だ。
それを次の動作で体感してみよう。このレッスンは二人一組のペアで行うよ。

動作Bの手順

❶ 一人は先ほどと同じように、膝の角度が90度になるように椅子に座ってください。もう一人は座っている人の正面に立ち、額を軽く手で押さえて、頭が前に動かないようにしてください。

❷ 座っている人が、立ち上がろうとしても立ち上がれないことを確認します。

❸ 座っている人は膝の角度を鋭角にして、かかとをお尻の下に近づけるように、座り直してください。

❹ もう一人は、再び座っている人の額を手で押さえます。座っている人が、今度は立ち上がれるようになるはずです。

 POINT
この動作は一人ではできないので、誰かに手伝ってもらってくださいね。

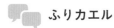 ふりカエル

 すごーい。動きを封じ込める魔法みたい！

 たった指一本で立ち上がれないのは悔しいなぁ。

 重心の移動量が大きくなると、腰だけでなく、上半身の反動を使うために頭の移動も重要なんだね。

 やっぱり頭も大事なんじゃないすか〜。
でも、なんで膝の角度が変わっただけで、立ち上がれるようになるんすか？

 人に聞く前に、まずは自分の頭でちゃんと考えんか！

 まあまあ…。ちょっと思い出してみよう。膝の角度が変わるというのは、どういうことだった？

 えーと、重心の移動量が変わる…ということ…だったかな？

 その通り！ 膝が鋭角になるというのは、重心の移動量が…

 小さくなる！

 そうか、わかりました！重心の移動量が小さくなったから、頭を移動させて
上半身の反動を使わなくても、立ち上がれるようになったってことなんですね。

 そういうこと。このレッスンではさまざまな日常的な動作について、改めて身体で感じてもらったわけだけれど、そこで発見したことを言語化して考えることで、こうして理屈として理解することができるわけだ。そのときに手がかりになるのが、「重心の移動」なんだ。

3-2　ワークショップ❷　テンポを感じる

<h2 style="text-align:center">は じ め に</h2>

　人間の動きには、重心の移動だけでなく、動きに要した時間や、重心の移動に要する力など、複数の可変要素が絡んできます。それらの可変要素を意識化してみることが、このレッスンのねらいです。

　具体的には「テンポ（tempo）」と「拍子（beat）」という西洋音楽の概念を道具として用いて、身体の動きを観察してもらます。

　「テンポ」というのは、時間的な速さ／遅さを表す概念で、1分間の拍数の数字で示され、単位は「BPM（Beats Per Minute）」です。例えば60BPMは1分に60拍で、1秒に1拍のテンポ。120BPMであれば1分120拍で、1秒に2拍となり、60BPMの倍のテンポになります。

　一方、「拍子」というのは、一定のテンポの中で拍の強弱を繰り返すことによって音楽のリズムを形成する単位です。「2拍子」や「3拍子」などと表され、2拍子であれば「強・弱｜強・弱…」というように、2拍に1回の強拍がまとまりをつくります。また、3拍子であれば「強・弱・弱｜強・弱・弱…」というように、3拍に1回の強拍がまとまりをつくります。つまり拍子というのは、一定のテンポに強弱のアクセントをつけることで、一定の繰り返しの周期を生み出す要素なのです。

　以上の2つの要素をモノサシとして、身体の動きを感じてみるのがこのレッスンのねらいです。このレッスンでは、テンポと拍子を把握するためにメトロノームを使います。スマホやPCのアプリで「メトロノーム」と検索して探してみてください。無料のものも見つかるはずです※。準備ができたら、早速、レッスンを始めましょう！

※例えばYAMAHAの「METRONOME – Tempo & Beat」には、画面をタップしたテンポを数値化してくれる「タップテンポ機能」などがあり、おすすめです。

**レッスン1**　このレッスンでは、「椅子から立ち上がる」および「座る」という動作を、
いくつかテンポを変えながら体験してもらいます。

POINT
- 「立ち上がる」「座る」という動作をそれぞれ一つのまとまりとして捉えるために、ここでは3拍子を使います。〈座っているポーズ〉〈立ち上がる途中のポーズ〉〈立ち上がったポーズ〉という3ポーズをひとまとまりとすると、それを3拍子として捉えるのがわかりやすいからです。
- 注意点ですが、テンポを変えても、最初と最後のポーズ（座っているポーズと立っているポーズ）は変わらないようにしてください。その上で、それらの間の「途中のポーズ」がどのように変化するかを意識してみてください。

動作の手順

❶ 膝の角度は直角で、かかとは膝の真下の位置にあるように座ってください。メトロノームアプリを120BPM、3拍子に設定して鳴らします。メトロノームに合わせて、腕はできるだけ使わずに立ち上がってください。

❷ 座る動作も同様に行います。立ち上がる動作と座る動作を、一定間隔で繰り返して体感してみてください。※下図は全て「立ち上がる」の例です。「座る」動作がどうなるかは実際にやってみて試してみてください。

❸ メトロノームアプリを60BPM、3拍子に設定して鳴らし、同様に立ち上がる動作と座る動作を繰り返してみてください。

❹ さらに30BPM、180BPMの立ち上がる／座るをそれぞれ体感してみてください。

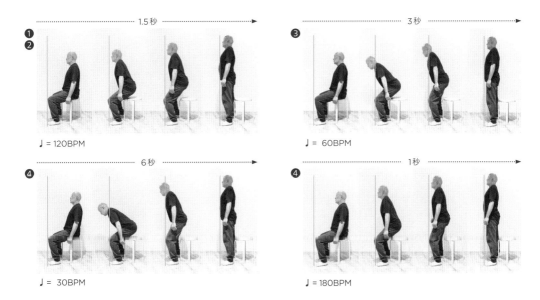

❶❷　1.5秒　♩= 120BPM

❸　3秒　♩= 60BPM

❹　6秒　♩= 30BPM

❹　1秒　♩= 180BPM

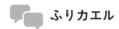 **ふりカエル**

 BPMを秒にしてみると、最初の120BPMでは、「立ち上がる動作」と「座る動作」はいずれも1.5秒かかる計算になる。60BPMはその倍の3秒、30BPMはさらに倍の6秒かけて「立ち上がる」「座る」の動作が行われたということだね。

 6秒かけて立ち上がるのは、すごくスローモーションですね。
なんか…「全身、筋肉痛」って感じをイメージしました。

 ふふふ、面白い表現ね。

 逆に180BPMでは、1秒で立ち上がるので、とてもきびきびした動作になりますね。

 そうだね。それじゃあ途中のポーズはどうだっただろうか？
最初の座っているポーズと、最後の立っているポーズはみんな同じだったわけだけれど。

 テンポがゆっくりになるほど、途中のポーズは前傾しちゃいました。

 そうだよね。じゃあ、立ち上がる時と座る時とで、途中のポーズは同じ？　違った？

 ちょっと違いますね。特にテンポがゆっくりの時には、全然違ってました！

 立ち上がる時の重心移動の方向と、座る時の重心移動の方向は違うから、最初と最後のポーズが同じでも、単純な「逆回し」ではないんだね。

 次のレッスンは「歩く」です。屋外などの広いスペースで体験してください。
このレッスンでは、さまざまなテンポの歩きを体験してもらいます。

POINT　「歩く」という動作に特有の可変要素として、「歩幅」があります。まずは同じテンポでも、歩幅が違ったときに、どのように歩きが変わるかということから体験してみましょう。

動作Aの手順

❶ メトロノームアプリを120BPM、2拍子に設定して鳴らします。自分の足の縦3足分の歩幅を確認し、その歩幅をなるべく維持して、メトロノームの音に合わせて歩いてみてください。

❷ 次に、自分の足の縦4足分の歩幅を確認し、その歩幅をなるべく維持して、メトロノームの音に合わせて歩いてみてください。

❶ 足の縦3足分

❷ 足の縦4足分

どちらも ♩= 120BPM　0.5秒

ふりカエル

 テンポ120BPMというのは、いわゆる「行進」のときのテンポで、大勢が合わせやすいテンポになる。そのテンポは同じで歩幅を変えてもらったわけだけれど、どうだった？

 足の縦3足分だと「普通の歩き」って感じでしたけど、
縦4足分だとちょっと無理した感じで…「大股歩き」になっちゃいました。

 歩幅が広くなると、後ろ足が「蹴り足」になっているのもはっきりわかるだろ？

 確かに！

 よし。それじゃあ次は、歩幅は「足の縦3足分」で固定して、テンポを変えて歩いてみよう。

動作Bの手順

❶ メトロノームアプリを120BPM、2拍子に設定して鳴らします。自分の足の縦3足分の歩幅を確認し、その歩幅をなるべく維持して、メトロノームの音に合わせて歩いてみてください。

❷ メトロノームの設定を60BPM、30BPM、180BPMに変えて、それぞれの歩きの違いを感じてください。

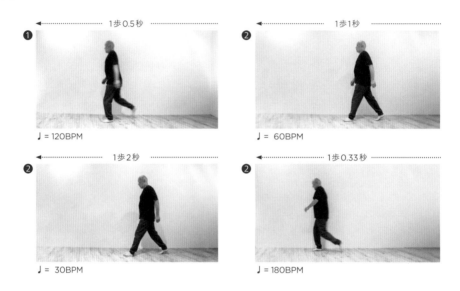

❶ ◀‥‥‥‥‥‥‥‥‥ 1歩0.5秒 ‥‥‥‥‥‥‥‥‥

♩ = 120BPM

❷ ◀‥‥‥‥‥‥‥‥‥ 1歩1秒 ‥‥‥‥‥‥‥‥‥

♩ = 60BPM

❷ ◀‥‥‥‥‥‥‥‥‥ 1歩2秒 ‥‥‥‥‥‥‥‥‥

♩ = 30BPM

❷ ◀‥‥‥‥‥‥‥‥‥ 1歩0.33秒 ‥‥‥‥‥‥‥‥‥

♩ = 180BPM

 ふりカエル

 どうだったかな？ 同じ歩幅でも、テンポが変わるとずいぶん歩きが変わったんじゃないかな。

 はい。60BPMだと、なんていうか後ろに体重が残っているみたいな、どこか引っかかりのある歩きになった感じです。

 それよりもっと遅い30BPMは、1歩移動して休んで…を、繰り返しているような感じになっちゃいました。

 逆に180BPMまで速くすると、足が地面を離れて、歩きっていうより「駆け足」になっちゃう。

こんなふうに「歩く」という単純な動作でも、歩幅やテンポの違いによって、自然で歩きやすかったり、不自然で歩きづらかったりするということがわかってもらえたかな。

 はい、歩きって奥が深いんですねぇ。

 そう、歩きはアニメーションの動き／演技の基本であり、かつとっても奥が深いの。

 今は歩幅とテンポという2つを変えただけだけど、実際にはもっともっと複雑だぞぅ！

 それじゃあ次は、さまざまな歩きを体感してみよう。

レッスン3 最後のレッスンは「さまざまな歩き」です。ここまでは、あらかじめ設定したテンポのほうに歩きの動作を合わせるという手順でしたが、今度は逆に自分が表現したい歩きのテンポが何BPMになるのかを測ってみましょう。

 POINT このレッスンも他の人と一緒にやることをおすすめします。

動作の手順

❶ 遊び感覚で、以下のようなさまざまな状況や感情の歩きを演じてみてください。テンポや歩幅は自由です。
電車に乗り遅れそうだと焦っている早歩き　／　日曜日の気楽な散歩　／　忍者の忍び歩き　／　道化師のコミカルな歩き　／　悲しい時の歩き　／　嬉しい時の歩き　…等々

❷ もう一人がメトロノームアプリを使って、それぞれの歩きのテンポが何BPMになるかを測ってあげましょう。

泥棒が忍び込むような動き

悲しい時の歩き

嬉しい時の歩き

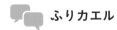 **ふりカエル**

 色々な歩きを演じてみることで、歩くという動作が、歩く人の体型や年齢、歩く場所や状況、さらにはそのときの感情など、さまざまな可変要素によって、実に多様に変化するということがわかったんじゃないかな？

 はい。いろんな感情やシチュエーションを想像しながら歩くのは楽しかったです。

 アニメーションを描くより、ずっと楽しかったっす！

 こら！

 このレッスンは、演技の第一歩といっていいだろうね。演技には無限のバリエーションがある。でも、だからといって「何でもあり」になってしまえば、初学者ほど困ってしまうはず。そこで無限の表現を測るための「モノサシ」として、ここでは「テンポ」という音楽の概念をとりいれたわけだ。

 なるほど、表現の「モノサシ」って、言われてみると確かにそうですね。

 さまざまに演じられた歩きを、テンポという数字で把握することで、単に「速い／遅い」というだけではない、客観的な動きの把握が可能になる。アニメーションで表現するときにも、そのモノサシが役立つはずだよ。

 Part1 「上手い」とは？「表現」とは？の1-6に、さまざまな歩きを表現したアニメーションの作例を掲載しています。また、**Part5 演技をつくる**では、実際に「歩き」を描く課題にチャレンジしてもらいます。

まとめ

　3-1のワークショップで体験してもらったのは、動くためには必ず「重心の移動」が必要だという、ごくあたりまえのことです。しかしこのあたりまえのことが、アニメーション表現のときには案外、忘れられてしまいがちです。それを改めて自分で体験し、確認してもらいました。

　またこのレッスンでは、「足の縦半足分」や「足幅1足分」など、自分の身体をモノサシにしてきましたが、自分の身体をモノサシにすることは、単に数字で覚えるよりも表現にとっては有効です。

　そしてもう一つ大切なことは、重心の移動のさせ方は一通りのパターンだけではないということです。3-2のワークショップではそのことを理解してもらうために、「テンポ」という音楽の概念を用いて身体の動きを客観的に把握する方法を学んでもらいました。

　デジタルのアニメーション制作では、動きのテンポを変更することがいつでも容易にできるので、ついテンポのことは後で考えればいいやと後回しになってしまうかもしれません。しかしこのワークショップを通じてわかったように、同じ動作でも、テンポを変えれば動きが変わり、必要なキーポーズも変わります。だからこそ、アニメーションの動きのイメージを固めていく段階から、テンポを意識し、適切なテンポを探ることを心がけましょう。

　これらのワークショップで感じられた身体感覚には、正しい答えがあるわけではありません。まずは遊び感覚でいいので、自分でやってみるということが重要です。やってみることで、自分たちの身体が重心を移動させるために、あるいはバランスを保つために、どのようなことが必要なのかを、改めて自分の経験として発見してください。

子供の頃の遊びの
中にもアニメーションに
大切な学びが
たくさんあるんです

3-3　講義　〈動き〉を感じる

無意識の意識化

　ブートキャンプの指導現場では、皆が机に向かって作業を進めている最中に、受講者が急に席を立って身体を動かし、演技を確認している様子がよく見られます。また、講師たちは、受講者がうまく描けずに悩んでいるときに「どういう動きなのか、ちょっとやってみて」と声をかけたりします。こうしたふるまいの背景には、アニメーションの動きを頭で想像するだけでなく、「まずは実際にやってみることが重要」という基本的な考え方があります。では、実際に動いてみると、何が発見できるのでしょうか？

　一言でいえば、普段意識していなかったことの発見、つまり「無意識の意識化」です。例えば3-2のワークショップ「椅子から立ち上がる」という動作を実際にやってみると、自分が立ち上がるときに重心がどのように移動し、どの瞬間に身体の重さが足に乗るかを、理屈ではなく身体感覚として、感じることができます。重心は目で見えるものではありませんし、日常生活の中でそれを意識することもあまりないでしょう。もし理屈で説明するとしたら、身体メカニズムや物理法則など、とても複雑な説明になってしまいます。しかし実際に動いてみることで、私たちは重心の移動を、身体感覚として理解することができます。それは頭でわかるのではなく、身体でわかるのです。

　なわとびを飛ぶときの感覚、鉄棒の逆上がりがなかなかできない時の感覚、あるいはそれが初めてできるようになった時の感覚…など、自分の身体と結びつ

いた記憶を何か思い出してみましょう。その記憶は、メカニズムとしては脳のどこかの場所に保存されているのかもしれませんが、実感としては、頭で記憶しているというよりも、身体で記憶しているといったほうがしっくりくるのではないでしょうか。私たちは生まれてから今までに体験した、さまざまな「動きの感じ」を身体で記憶しています※。アニメーションが「伝わる表現」になるためには、そのような「動きの感じ」に基づいて表現することが重要です。

身体観察の3つのモード

　もしかしたらみなさんの中には、「スマホなどのカメラで撮影したほうがもっとよく動きがよくわかるのでは？」と考える人もいるかもしれません。しかし、みなさんが立ち上がる動作をやってみたときに感じられる「重心の移動」の感じは、そうした映像でわかるでしょうか？　みなさんの「身体の重さ」を、映像から感じることができるでしょうか？

　カメラによる身体の撮影は、いわば「三人称の観察」

※ただし最近の研究では、こうした「動きの感じ」を記憶することが困難な人たち（アファンタジア）がいることが明らかになってきています。とはいえそうした人たちなりの「動きの感じ」の記憶方法もあるはずです。それを土台とした動きの表現が、新たな創造性を発揮することも、十分にありうるでしょう。

です。自分の録音した声を聴いて、違和感を感じたことはありませんか。テクノロジーによって記録された身体は、自分の身体があたかも第三者の身体のように対象化されてしまいます。「私の身体」が「誰かの身体」のように感じられてしまうのです。それに対して、実際に動いてみるということは、いわば「一人称の観察」。自分自身の身体の、内側からの自己観察です。

これら2つのモードはどちらも重要ですが、「伝わる表現」で起点になるのは、一人称の観察です。三人称の観察における問題の一つは、それが視覚だけに頼りやすいということ。「伝わる表現」の土台となる共通感覚は、視覚だけでなく、五感を束ねる統合的で全体的な身体感覚です。ですからそのような全体性を捉え、「動きの感じ」を理解するためには、目で見るだけでなく身体でやってみて、その動きを感じることが、一番有効なのです。

とはいえスマホで撮影することが絶対禁止、というわけではありません。ただ、便利だからといって安易にそれを使うのではなく、その限界を理解した上で使ってほしいということです。まずは自分の身体で動いてみて、その動きの感じを記憶する。そうして動きの全体的なイメージが固まってきた段階で、初めてテクノロジーの力を借りて、主観だけでは捉えづらい細部を客観的に観察するのがよいでしょう。細部の分析的な観察には、テクノロジーによる観察は向いています。

ところで、一人称と三人称の観察があるならば、「二人称の観察」もあるのでしょうか？　例えば他の人に動いてもらってお互いに観察し合う共同観察は、二人称といえるのではないでしょうか。それが三人称の観察と違うのは、相手とコミュニケーションをとりながら「どんな感じ？」と確認することができるということ。ブートキャンプの指導現場でよく見られる、講師と学習者が共に動きながらやりとりしている様子は、

まさに二人称の観察です。

このように、身体を使った観察には、一人称、二人称、三人称という3つの異なるモードがあります。それらの中で、表現の起点とすべきはまず一人称。表現の起点に、主観的な自分の「動きの感じ」を置くことがポイントです。それによってその表現は「自分ごと」になります。アニメーションでは、自分の身体では到底不可能な、人間離れした動きのアクションも表現することができます。しかし、だからといって自分の身体と無関係な「他人ごと」として動きを表現すべきではありません。まずは主観的な一人称の観察を出発点とした上で、その後に二人称や三人称の観察も積極的に取り入れながら、「自分ごと」と「他人ごと」を重ねていく。そのようにして「伝わる表現」の力は磨かれていくはずです。

まとめ

本講座ではいったん絵を描くことから離れて身体を動かし、身体で動きを感じることの意義や方法について説明してきました。実際にやってみるとすぐわかりますが、身体を動かすと自然と心がほぐれるという効果もあります。他の人たちと共に身体を積極的に動かすことで、心が解放されて、演技のアイデアも出やすくなるでしょう。是非、実際に試してみてください。

シアターゲーム

　ブートキャンプでは、ワークショップの最初に「シアターゲーム」と呼ばれる身体を動かす体験を行っています。シアターゲームはもともと演劇の世界で開発された教育プログラムで、さまざまなバリエーションがあります。

　ブートキャンプでシアターゲームを導入しているのは、みんなで身体を動かすことで、ワークショップに臨む参加者の心をほぐすのがねらいの一つです。そして、「伝わる表現」のための共通感覚を身体で理解してもらうということも、重要な意義です。

　このコラムでは、いくつかのシアターゲームの中から、「エアボール」と「エアなわとび」という2つのゲームを紹介しましょう。

エアボール

　「エアボール」は、架空のボールを手渡ししたり、投げ合ったりするゲームです。「エアギター」はみなさんも聞いたことがあるでしょうか？　架空のエレキギターを弾いてみせる「なりきり」パフォーマンスとして、世界選手権もあったりしますが、エアボールではそこまでの熱演は求めません。架空のボールを使って、みんなで気楽に楽しめる遊びです。

　ボールはなるべく大きな、バランスボールなどがよいでしょう。まずは簡単な「ボールの手渡し」。みんなで輪になって、一人一人順番に、隣の人へバランスボールを手渡ししていきます。

　一巡したら、今度はボールを使わずに同じように、架空のエアボールを手渡しします。そのとき手がかりになるのは、実際にバランスボールを渡したときの身体感覚です。エアボールを渡し合う様子を外から見て、実際にボールがあるように見えますか？ちゃんとボールを手渡しできているでしょうか？　うまく一巡できたら、次の段階に移ります。

　次は、もう少しだけ高度な「エアボール転がし」です。もう一度バランスボールを使いましょう。今度はそれを転がして、遠くの人にボールを受け取ってもらいます。

　何度かそれを繰り返したら、次は架空のエアボールで、同じこ

とに挑戦します。目の前の相手に手渡しするのとは違って、遠くの相手にしっかり受け取ってもらうためには、身体の向きと、目線が重要です。うまく相手とアイコンタクトがとれないと、意図せぬ相手が受け取ってしまったりします。

エアボールのやりとりには高度なパントマイムの技術は必要なく、たいていはみんなうまくやれるはずです。目に見えないボールをやりとりできるのは、実物のボールをやりとりしたときの「動きの感じ」を共通感覚としてみんなが共有しているからでしょう。

エア縄跳び

「エア縄跳び」もエアボールと同様に、目に見えない架空の縄跳びを跳んで遊ぶゲームです。まずはグループの中で、長縄を回す役を二人決めます。二人が少し離れて、架空の長縄を回してください。大きく回さないと、みんな跳べませんよ。

まずは一人一人順番に長縄を跳んでいきましょう。ひっかからずに跳べましたか？

次に何人か一緒に跳んでみましょう。みんなで呼吸を合わせて跳ぶのは、実際の長縄跳びと同じです。うまくいくと、跳んでいる人たちはもちろん、外から見ている人たちにも、見えないはずの縄の存在が感じられるようになります。もし誰かが縄にひっかかったら、すぐにわかるはずです。

ブートキャンプでは、このエア縄跳びを最終的にはグループごとのパフォーマンスとして演じてもらいます。グループ内でどんな飛び方をするか相談して、それを他のグループが見守る中で演じてみせるのです。自分たちのグループ内で共有されている共通感覚が、他のグループの観客にも伝わるかどうか、肌で感じることができるでしょう。

シアターゲームは「伝わる表現」を体験的に理解できる、とても楽しいゲームです。いきなり「身体を動かしてみよう！」と言われても、きっと躊躇してしまう人が少なくないと思いますが、このシアターゲームを段階的に体験していくことで、少しずつ身体を動かすことへの抵抗が消えていくのがわかります。少人数でも体験可能なので、アニメーション教育の導入プログラムとして、是非実際にやってみてください。

Part 4

ポーズを見つける

はじめに

　本章では〈サムネイル〉を使って、〈動き〉に必要なポーズを見つける方法を学びましょう。サムネイルは、アニメーションの動き／演技の構想をまとめるために描く、本番の準備のための絵によるメモのようなものです。手描きのアニメーションはもちろん、3DCGのアニメーション制作にも有効です。

　「サムネイル（Thumbnail）」とは本来は「親指の爪」という意味の単語です。親指の爪のように小さいサイズで描く素描を「サムネイルスケッチ」と呼び、サムネイルはその略称です。小さくラフに描くことで、たくさん描いて全体を俯瞰できるようになる、ということがサムネイルの利点です。

　サムネイルを描く目的は、大きく二つあります。一つは、「動き／演技の構想をまとめる」こと。もう一つは、その「動き／演技に必要なポーズを見つけ出す」こと。つまり「動き／演技」と「ポーズ」を考えるために、サムネイルを描くわけです。どんな動き／演技にするか？ その動き／演技にはどんなポーズが必要か？ その表現は可能か？ …といったことを、小さいラフな絵をたくさん描きながら試行錯誤して、作画に入る前にあらかじめ簡単な絵にして考えてみる。それが、サムネイルを描くということです。

　デジタルツールを用いてアニメーションを表現するとき、こだわって修正を繰り返すうちに、次第に自分でも何をやりたかったのかわからなくなり、ものすごく時間がかかってしまった…という経験はないでしょうか？「簡単にやり直しがきく」というデジタルの利点が、裏目に出ることがあるのです。サムネイルを描いて、そのシーンの動きの「自分なりの答え」をつかんでおけば、そのような迷走を避けることができます。サムネイルを描くことは、遠回りなようで、実は近道だということですね。

　それでは実際に、サムネイルを描いてみましょう！

4-1　ワークショップ　〈サムネイル〉を描く

課題の内容　以下の動き／演技のポーズを、サムネイルを使って考えてみましょう。

例題：
何かの気配に気づいてふりかえる動き

7歳くらいの子どもが、「おや？」という感じで、後ろを見て、こちらまわりで後ろへ向き直る。回転台に乗っているのではなく、きちんと足を踏みかえること。

 POINT

- シチュエーションは自由に解釈してください。
- キャラクターは、上に描かれた子どもの絵を基本とすること。
- 制限時間は20分。以下の手順に従って進めていってください。
- サムネイルは、右図のような
  ラフな絵で大丈夫です。

レッスン1　サムネイルを描く前に、まずは上記の演技を自分でやってみましょう。

　自分の想定する動きを頭の中でイメージするだけでなく、身体で感じてください。後ろへ向き直るとき、どんなふうに身体を動かしているでしょうか？　どんなシチュエーションで、この子はどんな性格で、どんな感情でしょうか？　想像して、なりきって演じてみましょう。

ふりカエル

 サムネイルを描く前にも、やっぱり身体を動かさなくちゃいけないんですか～？

 そうさ。身体を動かすことは、表現の基点だからね。ふりむく動作だって、簡単そうに見えて案外、複雑だよ。ちょっとやってみて。

 「足を踏みかえる」って、普段から自然にやってることだけど…
こうして意識して動いてみると、実は複雑なんですね。

 う～ん。意識して動くと、どうしても不自然な動きになっちゃうんですけど…。

 まずはふりむく動きをやろうと考えるんじゃなくて、ふりむくきっかけの「何かの気配」のほうを具体的に想像してみるといい。「5W1H（When：いつ、Where：どこで、Who：だれが、What：なにを、Why：なぜ、How：どんなふうに）」で考えてみてもいいね。
今回の課題では、シチュエーションはあえて自由としたんだけど、何人かで一緒にやる場合は、共通のシナリオをみんなで考えて取り組んでみるのもおすすめだよ。

 キャラクターはこの子じゃないといけないんですか？
もっと好みの絵柄で描きたいんですけど…。

 ワガママなやつだな～！

 今はそうしてほしいな。このキャラクターは、デザイン的に髪型や着ている服などがシンプルで、描く線数が少ないというのがポイントなんだよ。良いポーズを見つけるためには、たくさんの絵を描くことが必要になる。そんなとき、複雑な絵柄のキャラクターだと、たとえラフでもどうしても描くのに時間がかかってしまうからね。

レッスン2　次に、オノマトペで動きのリズムを見つけてみましょう。

　自分の身体で演じた動きを、何回も同じように再現できるまで繰り返してみてください。そのときに有効なのが、「オノマトペ（擬音語・擬態語）」を使う方法です。

　例えば「おや？（トン・トン）」とか「なんだろう？（そお〜っと）」というふうに動きを音に変えて、その音に合わせて身体を動かしてみるわけです。前章ではメトロノームによる「テンポ」を使いましたが、オノマトペを使うと、より有機的な「リズム」をつかみやすくなり、動きの再現も容易になります。

💬 ふりカエル

 オノマトペか…。（動作しながら）うん、「なんだろう？　…ビクッ！」って感じだ。

 お、ぴったりのオノマトペが見つかったようだな！

 わたしは全然違って、「何かしら？　…そお〜っ」って感じだな。

 え〜、「ビクッ」と「そお〜っ」じゃ全然違うじゃん。どっちが正しいんだろう？

 今回の課題ではシナリオは自由だから、どっちも正しいのさ。
でも、実際の作品づくりでは、設定やシーンの前後もあるから、どういう「ふりむき」がその人物、その状況の表現としてふさわしいのか、もっと明確にしぼられてくる。
それに、もし授業などでこの課題に取り組むとしたら、みんなバラバラの「ふりむき」を表現するよりも、グループ内で同じシナリオにしぼって取り組んだほうがいいね。そうすることで、どんなポーズがより適切かについて、お互い吟味し合うことができるはずだよ。

レッスン3 では、動きの最初と最後のポーズを描いてみましょう。

❶ まず、紙を横にして上1/3のあたりに1本線を引いてください（図1）。

❷ その線の左端と右端に、それぞれ最初と最後のポーズを描きます（図2）。p.80の絵を基本として、あとは頭身（頭と身体の比率）がおおよそ合っていれば、ラフに描いて構いません。サムネイルでは、ポーズのシルエットと、身体の各部位の向きがわかれば十分です。また、絵を描くのにあまり慣れていない人は、棒人間のような描き方でもポイントをおさえれば大丈夫です（具体的な注意点はp.89参照）。

❸ それらの間をつなぐポーズを考えていきましょう。まずはあまり細かい動き（例えば「振り向きながら右足をひく」「体を捻る」など）にとらわれず、見つけやすい大きな動きのポーズを一つ、上段の真ん中に描きましょう（図3）。途中のポーズとして思いつくものであれば、どんなポーズでも構いません。

❹ 次に最初のポーズと途中のポーズの間のポーズ、そして途中のポーズと最後のポーズの間のポーズを、下段に描きましょう（図4）。

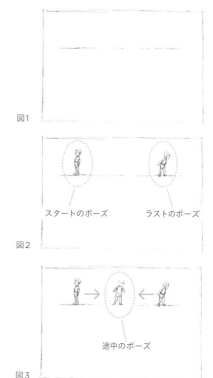

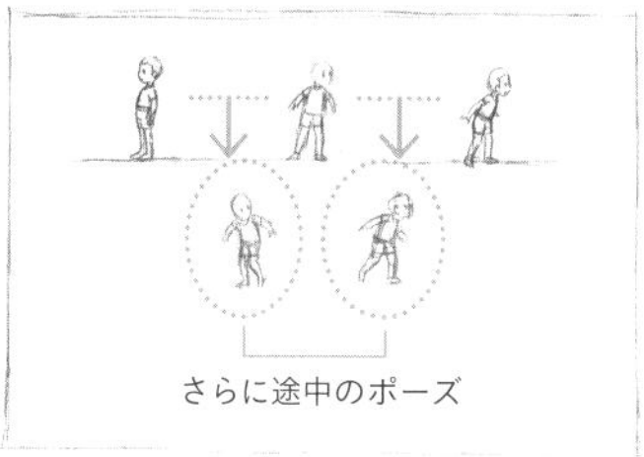

図1

図2
スタートのポーズ　　ラストのポーズ

図3
途中のポーズ

図4
さらに途中のポーズ

💬 ふりカエル

あれ、最初のポーズから順番に
描いていくんじゃないですか？

そこがこのレッスンのポイントなんだよ。最初から順番に動きを細かくたくさん描いてしまうと、動き全体の中でキーになるポーズを見つけにくくなってしまうからね。まずは必要なポーズを見つけるために、宝探しゲームを楽しむように、気楽にたくさん描いてほしいな。

ゲームだと思ったらやる気が出てきた！

 **レッスン4**　　続いて、重心が移動する前と後のポーズを描いてみましょう。

Part 3でもレッスンをしましたが、動くということは、重心の移動があるということです。今一度、身体を動かして、「重心移動」と「足の踏みかえ」に注意を向けてみてください。レッスン3の❹で描いた絵の下段に描きましょう（図5）。

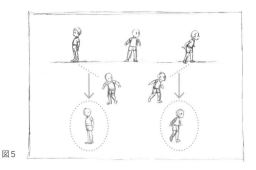

図5

 POINT

- 振り向く動きの中で、自分の身体のどちらの足に体重が乗っているのか、その体重がどこで反対の足に移動するのかを発見できると、その瞬間のポーズも見つかると思います。
- 重心が移動するときの「前」と「後」のポーズは、まず必要なポーズです。
- 重心の移動には、その人物が「どう動きたいか」という意思が伴います。その人物になりきって身体を動かし、重心を移動する瞬間のポーズを見つけることで、動きの表現をより具体的に捉えることができるようになります。
- 重心移動の前と後のポーズが描けたら、次はそれらの間のポーズも描いてみましょう。そこにも発見があるはずです。

ふりカエル

 うーん、頭ではわかっていても、なかなかうまく描けない…。もう一回描き直そう…。

 おっと、うまく描けなくても、消しゴムは使わないほうがいいぞ！

 え、なんでですかぁ？

 サムネイルは素早くたくさん描くことが大事だから、消しゴムを使う時間で1つでも多くのポーズを描いたほうがいいんだ。それに1枚の紙で足りなくなったら、無理に1枚に納める必要はない。2枚目に描いていけばいいからね。

レッスン5　最後に、見つけ出したポーズの取捨選択をしましょう。

❶ 適切ではないと思われるポーズには、ポーズの上部に×印をつけます（図6）。例えば、重心のバランスがおかしいポーズや、動き／演技の一連の流れから外れたポーズなどは、不適切だと考えられます。

❷ そうして残ったポーズに、順番をつけて、最初のポーズから最後のポーズまで、動きを見直してみてください（図7）。スマホやタブレットのコマ撮りアプリで試しに撮影してアニメーションとして確認してもよいでしょう。一連のポーズで、「動き」が他の人に伝わるようであればOKです。どこか足りないと思ったら、さらにそこの部分のポーズを描き足していきましょう。

図6

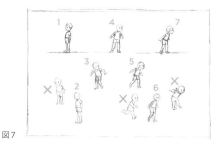

図7

💬 **ふりカエル**

じゃあ、試しにKOMA CHECKER（p.10掲載）でコマ撮りしてみようか。手持ちで撮るのはなかなか難しいかもしれないけれど、ラフに確認できればいい。足の位置を合わせて撮影するのがコツだよ。

おおっ！ 動いた！ すごーい！！

本当だ！ サムネイルでもちゃんと動いて見えますね！

あら、でも「そぉ〜っと」って感じじゃあないわね。

た、確かに…（厳しいコメント…）

コマ撮りするときに、同じ絵を何回か撮影したりして、タイミングを少し意識してもいいね。でもサムネイルの段階というのは、あくまでも動きのイメージを固めることが目的だから、あまり厳密にタイミングにはこだわらなくても大丈夫だよ。

まとめ

サムネイルは、みなさんの頭の中で、まだ具体的な形になっていない動きのイメージを短時間で形にして、吟味するための方法です。最終的に作るアニメーションが2Dの手描きであれ、3DCGであれ、技法を問わずサムネイルは有効です。とりわけ3DCGでは、コンピュータが生成してくれる動きのイメージに引っぱられて、自分が求めていた動きを見失いやすいので、あらかじめサムネイルで動きのイメージを固めておくことが重要です。

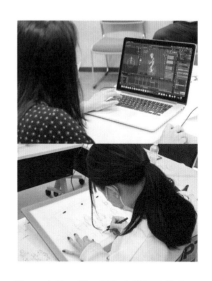

ブートキャンプのサムネイルの描き方で特徴的なのは、動きの中の重要なポーズを見つけやすくするために、段階的に「間のポーズ」を描いていくという点です。例えばモノトーンのグラデーションを考えてみましょう。白と黒の間には広大な無限の階調がありますが、その途中に何か一つ基準となるグレーをおくと、それが新しい基準になって、そのグレーと白、グレーと黒の間に新たな階調を作ることができます。それと同様に、サムネイルのポーズとポーズの間を描くことは、無限の動きの可能性の中に一つの基準をおくということです。

サムネイルは、動きを探る旅の途中で道に迷わないようにするための、コンパスや地図のような道具。絵が不得意と思い込んでいる人や初心者にもできる方法ですから、是非試してみてください。

そろ〜り…
……!!

そうか
こうなって…

 Part 5　演技をつくるで、紙人形を用いたポーズの模索について紹介しています。絵に自信のない人は、ポーズを見つけ出すのに、人形などを使ってイメージしてみるのもおすすめです。

4-2　実例　ワークショップで描かれた　サムネイルの例

ここに掲載したのは、さまざまな重さの箱を持ち上げて運ぶ、演技のサムネイルです。ブートキャンプで講師が描いたこれらの作例は、本章のワークショップで紹介した描き方の順序に沿った形式ではありませんが、必要なポーズを模索したり、確認したりしているのがわかります。ブートキャンプでは、グループ内で演技を検討したり、講師からの指導を受ける際に、サムネイルが重要なコミュニケーションツールにもなります。

　このサムネイルだけを見て、描いた人がどんな演技を模索していたかわかるでしょうか？（答えはページ下部）

答え：
（上）「お米の入った箱」を「よたよた」と持って歩いて「よいしょ」と地面に置く、「性格の優しい男の子」（講師の漁野朱香氏によるサムネイル）
（下）「風船の入った箱」を「ダッダッダッ」と持ち運んで「ヨイ〜ッ」と置く、「いたずら好きな男の子」（講師の後藤隆幸氏によるサムネイル）

4-3　講義1　サムネイルを描くコツ

サムネイルには、「こう描かなくてはならない」という絶対のルールがあるわけではありません。「動き／演技の構想をまとめる」ということと、そのための「必要なポーズを見つけ出す」という目的にとって有効であれば、自分なりの描き方をどんどん工夫していってもよいでしょう。とはいえブートキャンプのワークショップでは、いくつかの基本的なルールやコツを指導しています。それらをここでは8つのポイントにまとめました。

1　全体を俯瞰できるように描く

紙に描くと、動き全体の流れを俯瞰で捉えることができます。たくさん描いて1枚で足りなくなったら、もう1枚の紙に描いて机の上で並べるとよいでしょう。PCやタブレットでは画面サイズの制約がありますが、紙であれば自由に広げていくことができます。

2　ポーズが重ならないように描く

ポーズが重なっていると、ポーズのシルエットがわかりにくくなってしまいます。絵を重ねないようにして描きましょう。

3　あまり時間をかけず、短い時間で描く

サムネイルを小さくラフに描くのは、必要以上に時間をかけないようにするためです。短時間でポーズをできるだけたくさん描いて動きのイメージをまとめ、以降のアニメーションの本番作業に十分な時間を取れるようにしましょう。

4　無駄を覚悟でたくさんのポーズを描く

動きに必要なポーズ、適切なポーズは、すぐには見つかりません。思いつくポーズ、見つけたポーズをどんどん描くことが大切です。サムネイルは、他人に見せるための絵ではありません。気楽にのびのびと描きましょう。

5　色々な角度から描いてみる

あるポーズがうまく描けないときには、同じポーズを色々な角度から描いてみましょう。頭の中が整理されて、問題が解決することがあるのでおすすめです。

6　消しゴムはできるだけ使わないようにして、描き損じは残しておく

失敗したと思ったら、その絵は修正せず、そのままにしてください。消しゴムを使う時間を、鉛筆を動かす時間に充てるべきです。また、書き損じだと思った絵の中に、次につながるヒントがあることもあります。捨てずに残しておきましょう。

7　頭身を守って描く

頭身を緻密に合わせる必要はありませんが、大きく違ってはいけません。それは、頭身が違えば、動きも

変わってしまうからです。例えば歩きであれば、頭身が違えば歩幅が変わってしまいます。

8　ポーズのシルエットと、身体の向きがわかるように描く

サムネイルでは、キャラクターのディテールまで描く必要はありません。ポーズのシルエットと、身体の各部位の向きがわかれば十分です。

絵を描くのにあまり慣れていない人は、棒人間のような描き方でも構いません。ただし身体は向きがわかるように、四角く描くとよいでしょう。そうすると肩と骨盤のねじれを表現できます。肩を描いてあげると、肩が前へ出ているとか、後ろへ反っているといったことが表現できるようになり、表現力がぐんと増します。それから、首はちゃんと描くこと。ポーズを描く際には、首と肩の関係が重要です。そして顔の向きも重要で、頭に縦横の線を入れてあげるだけで、目鼻を描かなくても顔の向きがわかるようになります。

⚠ 注意点

デジタルツールを使ってサムネイルを描く場合は、以下のことに注意してください。

1　拡大して描かない

デジタルで画像を拡大して描く機能は便利ですが、サムネイルを描く時にはなるべく使わないほうがよいでしょう。拡大すると、どうしてもディテールを描き込みたくなってしまうからです。

2　コピー＆ペーストは使わない

ツールに備わっているコピー＆ペーストも便利な機能ですが、サムネイルを描くときにはなるべく使わず、全てフリーハンドで手早くたくさん描くのがおすすめです。

4-4　講義2　〈キーポーズ〉と〈ブレイクダウン〉

サムネイルの分析をする

サムネイルでたくさんのポーズを描いていくと、どれがその演技にとって重要なポーズかを判断するのが難しくなってくるかもしれません。そんなとき、何に注目すればいいのでしょう？　人が描いたアニメーションやサムネイルを、実際に自分の身体を動かして再現して検証してみたり、描いたものを分析してみるのも、何が重要で、どんな要素が必要かを理解するためには良い方法の一つです。例えば、機械を分解してその仕組みなどを理解する方法を「リバースエンジニアリング」と言いますが、それと似たアプローチ

ですね。ここでは試しに、図5 (p.84) のサムネイルを分析してみましょう。

まず、動きを「重心の移動」という観点で捉えてみてください。先ほどのワークショップの例題「何かの気配に気づいてふりかえる」という動きを実際にやってみて、自分の重心がどのように移動していたかを感じてみるのです。ゆっくり動いて確認してみると、「ふりかえる」という動作の中に、複数の重心移動があることがわかるはずです。

このサムネイルでは、まず「何かの気配に気づいて」首を回すとき、重心が少し右足に移動します（ポーズ2）。そのまま右足に重心を移動させつつ左足を繰り

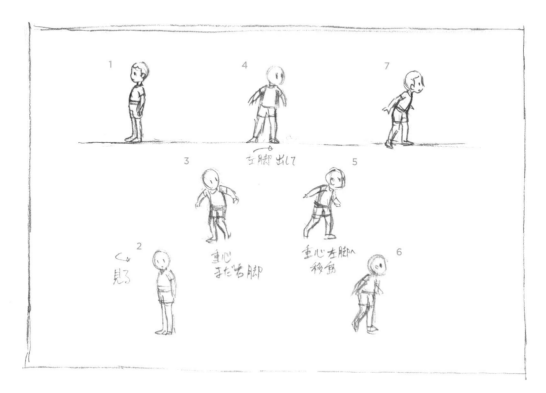

出し（ポーズ3）、左足をつきます（ポーズ4）。その流れのまま乗り出しつつ、左足に完全に重心を移動させ（ポーズ5）、右足を引き（ポーズ6）、乗り出して安定する（ポーズ7）…という観察をしたことがわかります。

このように「重心の移動」に着目して分析して言語化してみると、この動きに複数の重心移動があり、それが連続した滑らかな動きを表現しようと試みていることがわかると思います。

キーポーズとブレイクダウン

このように、動きの中には複数の重心移動をするものがあり、その重心移動は滑らかにつながりつつも、その中に「はじめ」と「おわり」があって、そこに起点となるポーズが発見できるのです。

それらの中でも最低限必要なポーズ——この場合は「立っている」「みて」「左足を出し」「乗り出した」というポーズ（ポーズ1、2、4、7）を、「動きの鍵（キー）になるポーズ」という意味で、「キーポーズ」と呼びましょう。動きのキーポーズさえあれば、「何をしているのか」という出来事の意味が、最低限伝わります。逆に言えば、それが伝わらなければ適切なキーポーズではないということです。

一方、キーポーズとキーポーズの間のポーズは、重心が移動する途中のポーズ（ポーズ3、5、6）ですが、これを「ブレイクダウン」と呼びましょう。ブレイクダウンはキーポーズに付随するポーズです。キーポーズが「何をしているか」を伝えるポーズであるのに対し、ブレイクダウンはより具体的に「どんなふうに動きが行われているか」を説明するポーズになります。いわば、動きのニュアンスをより詳しく伝えるポーズであり、5W1Hでいえば「How（どんなふうに）」を伝えることがブレイクダウンの役割です。

単純な例で考えてみましょう。下図のようにボールがAの位置からBの位置に投げられるというアニメーションです。キーポーズはAとBの2つのポーズですが、どのボールが「どのように」投げられるかには、無限の可能性があります。それを一つの表現に確定させるためには、AとBの間のブレイクダウンが必要になるのです。

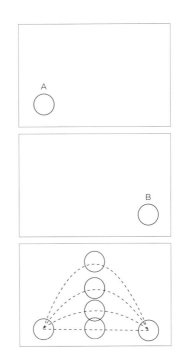

異なるブレイクダウンの表現

Part1で掲載した、座っている少年が立ち上がる動作を思い出してみましょう（p.26参照）。

そこでは、〈「はい！」と、さっと立つ（例1）〉と〈「よいしょ…」と、ゆっくり立つ（例2）〉という2つの異なる立ち上がり方を比較しました。いずれも「座っている少年が立ち上がった」という出来事を伝えるキーポーズ（ポーズ1、6）は同じです。しかし、「どんなふうに立ち上がったか」を伝える、間のブレイクダウ

ン（ポーズ2、3、4、5）が異なっていたわけです。

　詳細は次のPart5で説明しますが、キーポーズとブレイクダウンは、サムネイルの段階からアニメーションで演技をつくる段階へ移る際にとても重要です。その演技で「何をどのように伝えたいのか？」を明確に

するためには、いったん言葉にしてみて、描いたサムネイルを「その言葉でこのポーズは説明できるか？」という観点で見直してみるとよいでしょう。もしそのポーズについて言葉でも説明できれば、それはこの演技において欠かせない重要なポーズだということです。

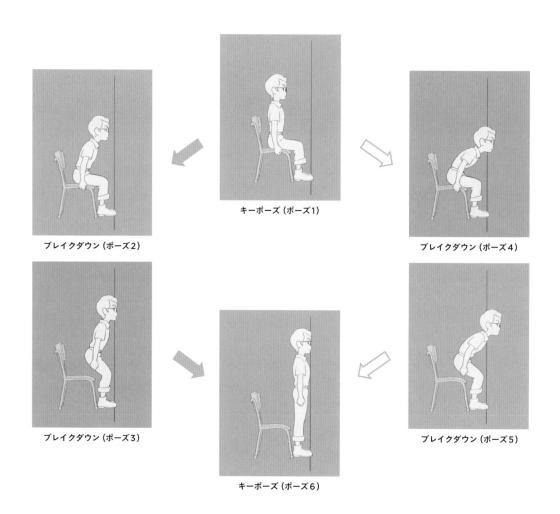

ブレイクダウン（ポーズ2）　　キーポーズ（ポーズ1）　　ブレイクダウン（ポーズ4）

ブレイクダウン（ポーズ3）　　キーポーズ（ポーズ6）　　ブレイクダウン（ポーズ5）

📖≫ **Part1 「上手い」とは？「表現」とは？**の1-7で掲載した「驚く」演技でも、さまざまなブレイクダウンが描かれていることがわかります。その違いを観察してみましょう。

Part 5

演技をつくる

は じ め に

　前章で描いた〈サムネイル〉は、動きの構想をまとめ、必要なポーズを見つけ出すためのものでした。本章ではいよいよそれを「演技」として表現していきます。

　とはいえ、いきなり複雑なシーンに取り組むわけではありません。ワークショップで取り組んでもらうのは、「歩き」という日常的な動作です。作画の学習において、歩きは一つのパターン（型）として覚えられてしまいやすいのですが、日常では色々な歩き方を目にしますし、自分でも感情や状況によってさまざまな歩き方をしているはずです。それらを物語と感情を含む演技として捉え、表現してみましょう。

　それに先立ち、ここでは「演技をつくる」手順について、大きく４つのステップに整理して説明します。演技の例として扱うのは、「空き箱を床から拾い上げる」という動作です。

演技をつくる手順——4つのステップ

ステップ1　サムネイル

　初めに、その演技でキャラクターが「どう動くか？　どう動きたいか？」を、前章で説明したサムネイルを描いて検討します。サムネイルは、描くことを通じた演技／動きの観察です。まずは実際に自分で動いて演じてみて、その体感をふまえたポーズをたくさん描き、自分の表現したい演技／動きを探っていきましょう。

　描かれたポーズは〈キーポーズ〉と〈ブレイクダウン〉を見つけるベースになりますし、表現の方向性を見失ったときに再び立ち戻る基点にもなります。ラフに描かれたスケッチであっても、演技づくりの土台としてとても大事なステップですから、納得いくまで吟味してください。

例：サムネイル

ステップ2　レイアウト

　サムネイルをもとに、その演技を映像として「どのように見せるか？」を考える必要があります。それを検討するのが〈レイアウト〉※です。レイアウトは、サムネイルで考えた演技と画面に映る全ての要素の配置や動きなどを含めた画面構成です。

　レイアウトで大事なことは、そのカットで何を伝えるべきかを考え、その伝えたいことが効果的に伝わるようにするための構図や、キャラクターの動き（例えば画面内でどこからどこに移動するか）、大まかなタイミングなどを考えることです。3DCGの場合は、カメラ設定やキャラクターの動線などを検討します。

　本書では、レイアウトを一枚絵ではなく、ムービーでつくることを推奨しています。演技のキーポーズだけを描いて撮影し、大まかなタイミングを確認します。

例：レイアウト

 5-1　レイアウト

※日本の2D手描き商業アニメーションのワークフローでは、レイアウトがその後の背景美術のベースになる背景原図としての役割も担うので、確かな完成形としてまとめる必要があります。しかし本書におけるレイアウトは、もう少しゆるやかに「あとから変更があるかもしれないけれど、ひとまず最初の段階で、画面の中に描こうとしている演技をどのように収めるかの画面構成を考えるためのもの」くらいに捉えてください。いきなり細部を含んだ表現をつくるのではなく、初めは最小限のラフな情報で、大まかな方向性を検討しておく、ということです。

ステップ3 **ラフアニメーション**

　レイアウトができたら、次は〈ラフアニメーション〉の段階です。レイアウトが画面構成の設計図であるのに対し、ラフアニメーションはそこに動きを入れて、最低限のアニメーションとして表現したものです。具体的には、レイアウトで決めた画面構成に基づいて、キャラクターのキーポーズとブレイクダウンを描いて、ラフな動きを表現した映像になります。ただしラフな動きといっても、動きのタイミングはしっかりと検討してください。

　ラフアニメーションの段階で重要なことは、その演技を表現するのに必要なポーズが全て描かれているかを確認することです。演技の表現に必要なポーズとは、「何をしているか？（What）」を伝えるキーポーズと、「どんなふうに動きが行われているか？（How）」を説明するブレイクダウンになります。

　この段階で、もしかしたらキーポーズやブレイクダウンが適切ではなかったことに気づくこともあるかもしれません。そんなときはもう一度身体を動かしてみたり、サムネイルに立ち返って、適切なポーズを吟味し直してください。他の人にも見てもらって、演技のWhatとHowが伝わっているかを確認し、トライアル＆エラーを繰り返しましょう。

例：ラフアニメーション

▶️ **5-2　ラフアニメーション**

ステップ4　アニメーション

　ラフアニメーションができたら、ブレイクダウンのニュアンスを補うポーズを補足したり、演技を緻密に表現するためにキーポーズとブレイクダウンの間の絵＝〈インビトゥイーン〉を入れていって、〈アニメーション〉として完成させます。

　また、ラフな線で描いた絵を清書する〈クリーンアップ〉も、必要に応じてこの段階で行います（詳細はp.120の特別講義参照）。3DCGの場合には、自動的に補完された動きに修正を加えて、動きに磨きを加えていく作業になります。

例：アニメーション　▶ 5-3　アニメーション

〈START〉

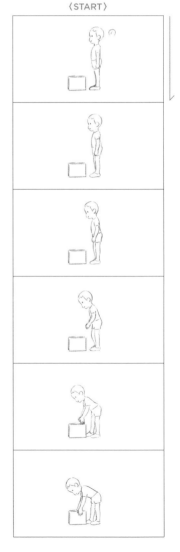

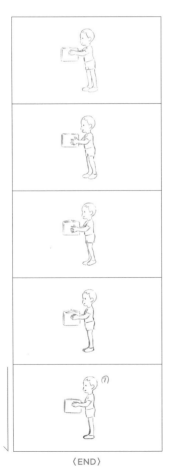

〈END〉

　以上の4つのステップの流れと、それぞれの段階でやるべきことについて、図にまとめました。
これらのステップをふまえて、実践のワークショップに取り組みましょう。

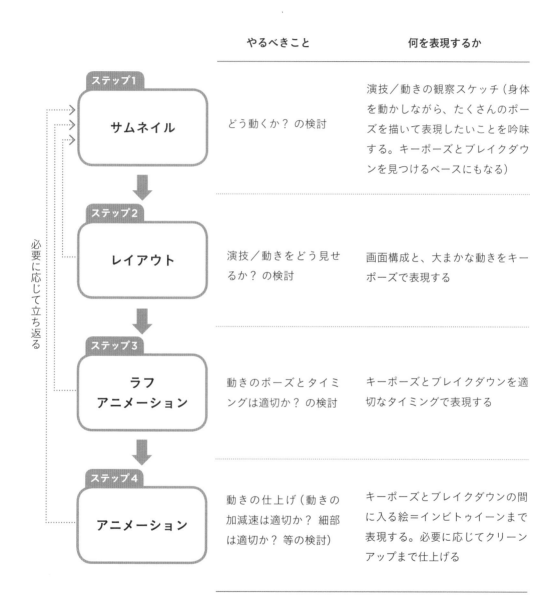

	やるべきこと	何を表現するか
ステップ1 サムネイル	どう動くか？ の検討	演技／動きの観察スケッチ（身体を動かしながら、たくさんのポーズを描いて表現したいことを吟味する。キーポーズとブレイクダウンを見つけるベースにもなる）
ステップ2 レイアウト	演技／動きをどう見せるか？ の検討	画面構成と、大まかな動きをキーポーズで表現する
ステップ3 ラフアニメーション	動きのポーズとタイミングは適切か？ の検討	キーポーズとブレイクダウンを適切なタイミングで表現する
ステップ4 アニメーション	動きの仕上げ（動きの加減速は適切か？ 細部は適切か？ 等の検討）	キーポーズとブレイクダウンの間に入る絵＝インビトゥイーンまで表現する。必要に応じてクリーンアップまで仕上げる

必要に応じて立ち返る

5-1　ワークショップ　**歩き**

　このワークショップでは、「歩き」という日常的な動作を、物語と感情を含む「演技」として表現してもらいます。一人で取り組むことも可能ですが、できれば二人以上で一緒にやってみることをおすすめします。

課題の内容　以下A〜Cのシナリオとa〜cのキャラクター設定からそれぞれ1つを選び、シナリオの「○○○○」の箇所にオノマトペ（擬音語・擬態語）を入れた「歩き」のアニメーションを表現してください。

シナリオ

A. 買ったばかりのソフトクリームを、歩きながらお釣りをしまおうとした時に落としてしまった。暑い中、○○○○と歩いて帰る。

　（感情の例：怒り、くやしさ、悲しさ…等）

B. サッカーの練習が終わった。お腹はペコペコ。○○○○と歩いて帰る。

　（感情の例：疲労、夕飯への期待感…等）

C. テストの答案用紙が戻ってきた。今回は80点だった。○○○○と歩いて帰る。

　（感情の例：いつもは30点だったから誇らしい、いつも100点なので落胆…等）

キャラクター設定

a. 引っ込み思案で優しい性格の子ども

b. いたずら好きの子ども

c. 真面目な優等生タイプの子ども

進め方

POINT

- 全体で2時間ほどのワークショップです。複数人で取り組む場合は、各ステップごとに「みんなでみる」時間をとって、シナリオ通りの動きに見えるかを確認するようにしてください。
- 3DCGの場合は、サムネイルまでを手描きで進め、レイアウト以降の段階からコンピュータに向かいます。

ワークショップの流れ

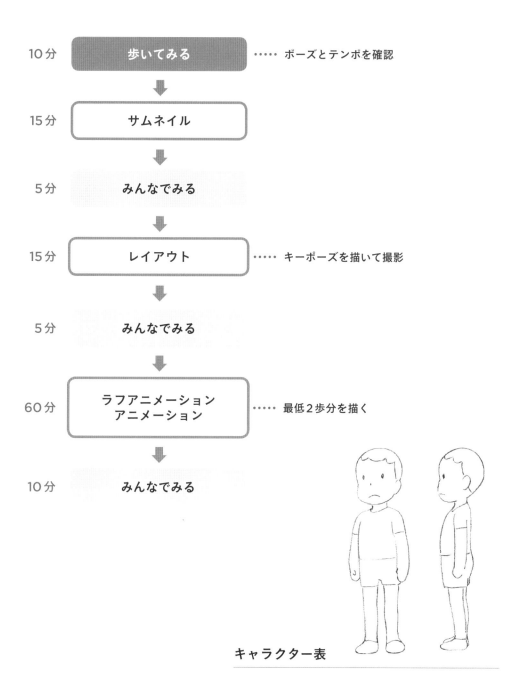

10分	歩いてみる	⋯⋯ ポーズとテンポを確認
15分	サムネイル	
5分	みんなでみる	
15分	レイアウト	⋯⋯ キーポーズを描いて撮影
5分	みんなでみる	
60分	ラフアニメーション アニメーション	⋯⋯ 最低2歩分を描く
10分	みんなでみる	

キャラクター表

レッスン1　まずは実際に歩いて、テンポを測ってみましょう。

　自分の身体を動かして、シナリオの演技を考えましょう。実際に動いてみると、具体的な動きのアイデアも出しやすくなります。複数人で取り組む場合は、お互いの歩きを見て、シナリオ通りの歩きに見えるかを吟味してください。

　動きのイメージが固まったら、その歩きのテンポをメトロノームアプリで計測してみましょう。その際には一回だけでOKとするのではなく、何回か計測を繰り返してみて、適切なテンポを探るようにします。

ふりカエル

 さて、二人はどのシナリオとオノマトペで表現することにした？

 Aのシナリオで、オノマトペは「トボトボ」にしてみました。

 主人公の感情は？

 がっかりした落胆…（といって、歩いてみる）。

 あら、なかなか感じが出ているわね。

 よし、テンポも測ってみるぞぅ！

 ちょうど100BPMくらいですね。

 じゃあ、このテンポとコマ数の換算表（次ページ掲載）を見てみよう。
100BPMを見ると、おおよそ14コマになっているね。24fpsの設定で
1歩14コマ、というのがその歩きのテンポだよ。

テンポと1歩あたりのコマ数換算表

♩＝180　1歩＝8コマ（＝秒3歩）
♩＝160　1歩＝9コマ
♩＝140　1歩≒10コマ
♩＝130　1歩≒11コマ
♩＝120　1歩＝12コマ（＝秒2歩）
♩＝100　1歩≒14コマ
♩＝90　1歩＝16コマ
♩＝80　1歩＝18コマ
♩＝60　1歩＝24コマ（＝秒1歩）
♩＝40　1歩＝36コマ
♩＝30　1歩＝48コマ

POINT

- テンポを測るときは、始めからメトロームを鳴らさないように注意しましょう。演技がそれにつられてしまうからです。
- メトロノームアプリで測れないくらい遅いテンポの場合は、ストップウォッチを使いましょう。スマホのアプリで、アニメーター向けの1/24秒を単位としたストップウォッチアプリなどもあります。

レッスン２　　　次に、「歩き」に必要なポーズをサムネイルで検討します。

　歩きの場合には、まず一歩分を描いてみるとよいでしょう。一歩移動するときに、重心が移動する「はじめ」と「おわり」はどんなポーズでしょうか？　実際に歩いてみるとわかるように、たいていの場合は「足を前後に開いたポーズ」になるはずです。まずはそのポーズについて、シナリオの歩きの感じを表現するためには、どれくらいの歩幅で、どんな姿勢になるのか、ラフな絵をたくさん描きながら、適切だと思えるポーズを見つけ出してください。最終的には、それが演技のキーポーズになります。

　さらに、足を前後に開いたポーズの「間のポーズ」も描いていきます。最終的にそこで見つけ出すのはブレイクダウンのポーズになりますが、初めからピンポイントで正しいブレイクダウンを描こうとするよりも、まずは間のポーズを色々と描いてみた上で、たくさん描いた中から「どんなふうに（How）」を伝えるポーズとしてどれが適切かを吟味するという手順がいいと思います。

　ラフに手早く描けるということがサムネイルの利点ですから、手探りでさまざまな可能性を模索してみることが重要です。もし絵を描いていてわからなくなったら、もう一度歩いてみて、身体の観察に立ち返ってみてください。

 ふりカエル

　サムネイルの描き方は前章で説明したから、大丈夫だよね？

　はい、大丈夫だと思います。

　あの〜、歩きってずっと移動し続けているから、重心移動の「はじめ」と「おわり」だとか言われても、よくわからないんですけど…。歩きのキーポーズ＝「両足を開いたポーズ」って単純に覚えておくだけじゃダメですか？

　実際には、歩きといっても色々な演技があるから、必ずそうだというわけではないんだよ。例えば、次に作例で示す「そろ〜り」と歩く忍び歩きなんかは、足を上げたポーズでいったん重心が安定したりするからね。だからやっぱり実際に歩いてみて、重心を感じることが大事なんだ。
でも、もし重心の移動だけで理解するのが難しいときには、もう一つ別の考え方をしてみるといいかもしれない。それは、その動きの象徴となるポーズ、一番目立った「目に残るポーズ」から描いてみるってことだ。

 目に残る…？

 その動きを代表するポーズといってもいい。例えば、ジェスチャーゲームで「歩き」を表現せよ、って言われたら、どんなポーズをとる？

 あ、やっぱり足を開いたポーズをしちゃいますね。

 だろう？　それが一般的には歩きを代表するポーズであり、その動作の「What」を説明するポーズになるということなんだ。だけど例えば「そろ～り」とゆっくり歩く忍び歩きの場合は、きっと目に残るポーズ、代表するポーズも一つだけではないはずだよ。

例：「そろ～り」と歩く演技
（サムネイル）

 ブートキャンプでは、紙でつくった人形で「歩き」のポーズを模索することもあります。サムネイルを描くのはどうしても個別作業になってしまいますが、こうした紙人形を使ったポーズの検討は、グループで共同的にポーズを吟味するのに向いています。※

※ただし紙人形の関節の位置は、実際の人間とは異なります。自分で動いて確認することをお忘れなく。

レッスン3　次に、歩きをどのようなカメラアングルで捉えるかを決めて、
　　　　　　　レイアウトをつくります。

　最も簡単なレイアウトは、下図（左）のように真横から全身を捉える構図でしょう。画面の右から左へ
と移動していくイメージです。もし課題の難易度を上げたい場合は、下図（右）のような俯瞰のレイア
ウトに挑戦してみてください。

　なお、この課題では基本的に背景は描きません。パントマイムのように演技だけで背景の存在まで伝
わる、そんな表現を目指してください。

真横からの構図　　　　　　　　　　　　　　　　　　　俯瞰からの構図

　この段階でカメラアングルを決めたら、まずはキーポーズだけ先に描いて、先ほど測った歩きのテン
ポで撮影して、大まかなタイミングを確認します。

💬 ふりカエル

　ええと、さっき測った歩きのテンポは、14コマだったっけな。
　　　　　　KOMA CHECKERのコマ打ちを14コマにして、1歩、2歩、3歩…と再生すると…おお、動いた！

　足を開いた絵だけでも、歩きのイメージはなんとなく想像できるわね。

　その映像に合わせて、オノマトペを口に出してあててみるといいよ。

　トボトボトボトボ、トボトボトボ…。

声が小さい！ でも、いい感じだぞぅ！

 もしシナリオで表現したい動きのイメージとのギャップがあれば、キーポーズを描き直してみたり、テンポを調整し直す必要がある。でも、この後でブレイクダウンを入れるとまた少し印象が変わるから、この段階ではおおよそ合致していれば大丈夫だよ。

〈START〉

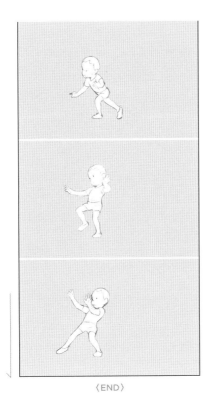

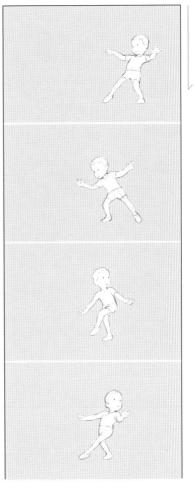

〈END〉

 「そろ〜り」という歩きはとてもゆっくりで、重心の移動も大きく複雑だ。単純に「足を前後に開いたポーズ」だけがキーポーズになるわけじゃないということがわかるはず。

例：「そろ〜り」と歩く演技（レイアウト）

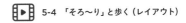 5-4 「そろ〜り」と歩く（レイアウト）

レッスン4　　レイアウトができたら、いよいよラフアニメーション、アニメーションへ進みます。

　ラフアニメーションでは、キーポーズの間のブレイクダウンまで描いて、シナリオで伝えたいことが伝わるような演技を、より具体的に表現していきます。レイアウト段階では大まかな歩きのテンポを確認しましたが、もしブレイクダウンを入れてみて違和感があれば、タイミングを微調整します。

　適切なキーポーズとブレイクダウンを描き、適切なタイミングで表現できれば、この段階で、十分に「伝わる表現」になっているはずです。あとは時間の許す限り、加減速や足首などのディテールも意識して、キーポーズとブレイクダウンの間に必要なインビトゥイーンを描き、アニメーションとして仕上げていきましょう。アニメーション段階のクリーンアップの描き方については、本章の特別講座の内容を参考にしてください。

 ふりカエル

 キーポーズは14コマずつでしたけど、その間にブレイクダウンを入れるときには、何コマ入れればいいんでしょう？

 1枚だけ入れるのであれば、その半分のコマ数になるね。

 でも間にもっと絵を入れていくと、14コマだと割り切れないんじゃ…？

 そうだね。そのときには、3コマと4コマなどが混在することになるだろう。一般的に2Dによる手描きの商業アニメーションでは、もっと割りやすい数字を基準にして描かれることが多いけれど、そういう考えで作ると、みんな同じテンポの歩きになってしまうよね。でも、本来はさまざまな演技ごとにいろんな歩きがあるはずだ。そのことを理解してもらうために、本書ではあえてそういう考え方をとらず、表現したい歩きのテンポを優先するアプローチで進めてもらっているんだよ。

 なるほど、まずは表現したいことありきってことっすね。

参考に、作例の「そろ～り」という歩きの演技でレイアウト→ラフアニメーション→
アニメーションの各ステップでどんなふうにコマを増やしていくか、わかりやすく図
にしてみたので、確認してみてほしい (p.112)。

こうして見比べると、段階的に少しずつポーズが細かくなっていく…、
演技の情報量が増えていくのがよくわかりますね。

でも、こういうステップって正直、面倒くさくないですか？
パラパラマンガを描くみたいに、頭から描いていったほうが
早いんじゃないかって思っちゃうんですけど…。

こら！ いまさら何を言っとる！

そうやって頭から思いつくままに描いていく方法は「ストレート・アヘッド」と言うん
だ。ブートキャンプで実践している、キーポーズを先に決める「ポーズ・トゥ・ポーズ」
と対比される方法だよ。
ストレート・アヘッドも、即興的に演技をつくっていく方法として有効だし、一人で
アニメーションを作る場合には、それでもよい場合もあるだろう。だけど、もし頭か
ら描いていって、途中で何か違和感が生じて、適切な表現がわからなくなってしまっ
たら？ 最悪の場合、頭から描き直さなくてはならなくなってしまったりするんだ。
それに対してポーズ・トゥ・ポーズのほうは、段階的にポーズが適切かどうかを確認
しながら進めるから、問題を早めに発見しやすいのが利点だね。また、ワークショッ
プのように限られた時間の中で表現する場合、手が遅くてたとえラフアニメーション
までしか表現できなかったとしても、演技の全体像はわかるし、最低限の「伝わる表現」
を達成できるよね。

そうか…、もし僕みたいに描くのが遅い人がストレート・アヘッドで頭から描いてたら、
時間内に終わらなくて、明らかに未完成の作品になっちゃうかもしれないですねぇ。

なるほど、段階的に進めるポーズ・トゥ・ポーズって、回り道のようでいて、
実際には伝わる表現への近道ってことなんですね。

その通り。まずはポーズ・トゥ・ポーズでしっかりと基本を学んだ上で、
応用としてストレート・アヘッドにも取り組んでみるといいよ。

キーポーズとブレイク
ダウンをわかりやすく
色分けしてみたよ。
背景がピンク色のもの
がキーポーズで、ベ
ージュ色のものがブレ
イクダウンだ。

〈START〉

例：「そろ〜り」と歩く演技
　　（ラフアニメーション）

5-5 「そろ〜り」と歩く
（ラフアニメーション）

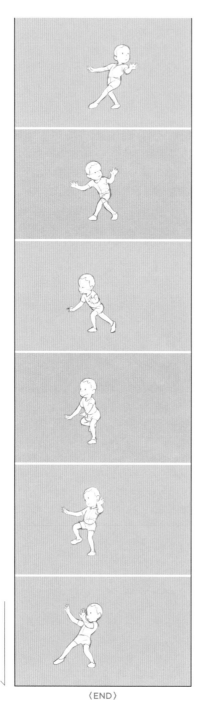

〈END〉

ここで追加されている、背景が水色のものがインビトゥイーンだよ。

〈START〉

〈END〉

例：「そろ〜り」と歩く演技（アニメーション）

 5-6 「そろ〜り」と歩く（アニメーション）

レッスン5 **最後に、各ステップごとに確認をしましょう。**

　レイアウト、ラフアニメーション、アニメーションのステップごとに映像を確認し、演技が適切かどうかを確認していきます。始めから多数の絵を入れてしまうと修正が大変ですが、こうやって段階的に進めれば、問題点を早めに見つけることができます。

レイアウト以降の各ステップごとの動き

まとめ ✎

　このワークショップでは、「歩き」というアニメーションの基本動作について、それをパターンで学ぶのではなく、物語と感情を含む「演技」として表現することに取り組んでもらいました。またそのためのアプローチとして、サムネイル、レイアウト、ラフアニメーション、アニメーションという4つのステップによる方法論も実践的に学んでもらいました。

　「歩き」は、私たちが日常生活の中でよく目にする動作ですから、観る人もちょっとした違いを敏感に感じとります。だからこそ、歩きをアニメーションで表現することは簡単そうに見えて難しく、実はとても奥の深い課題です。

　もしこの課題をもとに、もっと高度な表現に挑戦するとしたら、以下のように設定要素を増やしたり、変えてみたりするとよいでしょう。

- **シナリオを変えてみる。**
- **キャラクターの年齢、性別、性格などを変えてみる。**
- **障害物を置いてみる。**

…等々。自分なりにハードルを上げて、挑戦してみてください。

　本来、演技には無限のバリエーションがあり、一つとして同じ演技はありえないはずです。作品ごと、シーンごとに最適な演技を模索していかなくてはなりません。

　まずは自分の身体で演じてみて動きを感じること、そしてそれをオノマトペで把握したり、道具を使って客観的な数字で把握したりすること、他の人たちからフィードバックを得て修正することなど、本書で紹介してきたさまざまな方法論を活かして、たくさんの演技に挑戦してみてください。多くの演技を経験すればするほど、みなさんの表現者としての引き出しが豊かになっていくはずです。

ブートキャンプでは、作品を上映する際に、どんな「歩き」をイメージしていたのかを身体で表現してもらってから上映したり、上映時にオノマトペを声に出して映像にあててもらったりします。そうすることで、イメージしていた通りの演技になっているかどうか、一目瞭然になるのです。

5-2　講義1　演技をつくる

日常動作から始める

「演技をつくる」トレーニングでは、最初のうちはなるべく簡単な日常的な動作に取り組むとよいでしょう。立ち上がる、歩く、またぐ、ふりかえる、物を手にとる、物を置くなど、私たちがこれまでの人生の中で数え切れないほど経験してきた動作です。日常的な動作は普段からやっていることなので、実際に身体で演じてみるときに、演技の技術がなくても取り組みやすいですし、その表現が適切でなければすぐに違和感を感じやすいため、自分でも評価しやすいはずです。

日常動作だからといって、ぞんざいに考えてはいけません。動作を表面的に真似してなぞるのではなく、その動作をするキャラクターに「なりきる」ということが大事です。そのキャラクターは、どういう人物で、どのような状況の中で、どんな感情を抱きながらその動作をするのでしょう。ありふれた日常動作であっても、そうした設定や背景について、ちゃんと想像してみることが大切です。

「なりきる」ことの意義

「なりきる」意識を持たず、ただそれらしい動きを模倣するだけだと、私たちはついどこかで見たようなわかりやすい動き、パターン化された動きをなぞりがちです。もちろんアニメーションやマンガにおいて、記号的な表現はとても重要ですが、そのような表現は記号の意味を知っている人にしか伝わりませんし、パターン化しやすいがゆえに容易に模倣されやすく、また微妙なニュアンスを含んだ繊細な表現に向きません。なりきることの一つの意義は、パターン化された記号的表現の枠をはみ出すような動きも発見できるということです。

動きをパターンとして捉え、演技をその組み合わせだけで考えるような表現者による作品は、段取り的になりやすい傾向にあります。そのような演技に対しては、観客はあらかじめプログラムされた動きを見せられているかのような違和感を感じることもあります。段取り的な演技を脱却するためにも、是非、なりきることを試してみてください。そうすることで、動作そのものではなく、その時のキャラクターの感情や意思について意識を集中することが、次第にできるようになるはずです。

恥ずかしがらずになりきる、思いやることがまず大事だな

女子のイメージが昭和…ロ

ワークショップには動きやすい服装がいいね

動きのイメージを固めるための「モノサシ」

「動きの感じ」をつかみ、それを演技にしていくためには、自分の身体で動作を繰り返しやってみることも有効です。最初はできるだけ違った可能性を、色々と試してみましょう。それらの中で違和感のある動きを選択肢から外していけば、次第に求める「動きの感じ」が明確になってくるはずです。

そうして少しずつ方向性が定まってきたら、今度はその動きを、客観的に把握していく必要があります。曖昧な「動きの感じ」と実際の動きを、できる限り一致させて、求める動きを具体化していきます。そこで有効なのが、身体の外側にある動きの「モノサシ」を使うということです。

例えばテンポは、そうしたモノサシの一つになります。自分の動きが固まってきたら、その動きのテンポを、メトロノームアプリで測ってみる。そうすることで、自分が求める主観的な「動きの感じ」を、テンポという数字によって客観的に把握できるようになります。あるいはストップウォッチで、その動きにかかる時間を測ってみることも有効です。ただしその時には、一回測って終わりにするのではなく、何回か同じ動きを測ってみて、おおよその平均時間を把握するのがよいでしょう。

オノマトペもまた、言葉によるモノサシだといえます。曖昧な歩きも、「トコトコ歩く」「ドシンドシン歩く」など、オノマトペで表現してみることで、その動きのニュアンスが方向づけられます。オノマトペを声に出し、動きにあててみることで、歩きのテンポやリズムを把握することにもつながります。

「演技」というと感覚的なものだと思われがちですが、実は感覚的なままではアニメーションとして表現することは難しいのです。さまざまなモノサシを使いながら、アニメーションとして表現していきましょう。

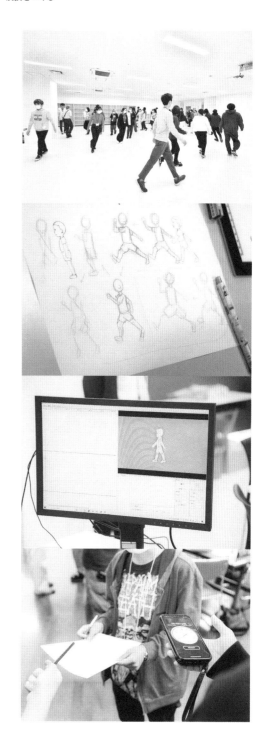

5-3　講義2　自然な歩き

「歩き」の特徴

「歩き」というのは、そもそもどういう動作でしょうか。実際に歩いてみて、その動作を言葉で描写してみましょう。まず、後ろにある足を持ち上げ、前に出して、下ろす。そしてその足に体重を移動していって、地面を後ろに蹴り、体重を完全に移動させて、身体を前に進める。その連続で歩くことになります。

歩きの特徴を「走り」との違いで説明すると、歩きは「絶えずどちらかの足が地面に着いている」のに対し、走りは「両足が宙に浮く瞬間がある」というところが違います。走りでは前に早く進むために、ぴょんぴょんとジャンプする感じになるのに対して、歩きというのは、絶えずどちらかの足で体重を支えているわけです。まずはその基本をおさえておきましょう。

歩きの動作の重心移動に注目すると、そのはじめとおわりにあるキーポーズは、「足を前後に開いたポーズ」です。「自然な歩き」を表現する上で、それらが適切かどうかが大変重要です。もっと具体的に言うと、足を開いたポーズの「歩幅」が鍵になります。例えば元気がいいときの歩きは大股で、元気がなくてくたびれているときには歩幅が小さくなっているはずです。歩幅の違いによって、そうした違いが伝わるのです。

枚数が少ないアニメーションにおける注意点

キーポーズが良くても、ブレイクダウンがおろそかになれば、自然な歩きにはなりません。前章の講義2で説明したように、ブレイクダウンは「**どんなふうに動きが行われているか**」を説明するポーズでした。つまり、「どんなふうに歩いているか」を的確に伝えるために、ブレイクダウンの吟味が重要だということです。

歩きのブレイクダウンは、基本的に足を前後に開いたキーポーズ同士の間にあるので、片足に体重を乗せて反対側の足を上げたポーズということになります。そのポーズを真横から見ると「足が交差したポーズ」になりますが、3コマ打ちなどで絵の枚数が少ないアニメーションの場合、足の交差を意識的に描かないと不自然な歩きになってしまうので注意が必要です。

この問題についてわかりやすく説明するために、振り子を例にしましょう。次のページの図は、左右の振り子が交差して入れ替わるアニメーションです。ここで①のように、真ん中の振り子が交差している絵がないと、交差せずに跳ね返って見えてしまうはずです。振り子が往復しているように見せるためには、②のように交差する絵を入れる必要があり、またその絵は完全に重なっているよりも、ほんの少しずらしたほうが、前後の位置関係がわかりやすくなります。

 Part3　身体で感じるのワークショップ❷で、テンポを感じるレッスンを行いました。歩幅はテンポと密接な関係があります。ふりかえってみましょう。

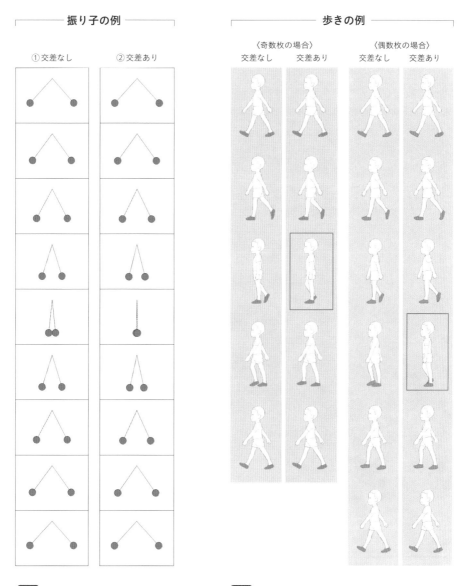

├─── 振り子の例 ───┤　　　　├─── 歩きの例 ───┤

 5-7　振り子（交差なし／交差あり）　　　 5-8　歩き（奇数枚／偶数枚、交差なし／交差あり）

 ムービーでは、3コマ12枚、3コマ10枚、3コマ8枚、4コマ6枚という4つの異なる
バリエーションで、それぞれ「足が交差する絵がある場合」と「ない場合」とを比較
できるようになっているよ。

歩きの場合も同様で、足を交差させたポーズがあったほうが、足の運びや前後関係がわかりやすくなります。ただし1コマ打ちや2コマ打ちでたくさんの枚数を使って表現する場合には、そうした問題が生じることは少なく、また同じ3コマ打ちでもテンポが遅くなれば1歩あたりの枚数が増えるので、問題は生じにくくなります。実際の違いは、作例のムービーで確認してみてください（赤い靴に注目して見比べると違いがわかりやすいと思います）。

なお、1歩を偶数枚で表現する場合には、ちょうど真ん中のタイミングに足を交差する絵を入れられないので、前寄りか後ろ寄りか、どちらかのタイミングに

寄せてやる必要があります。前ページの図は後ろに寄せた場合の例です。

加速・減速のリズム

もう一つ大事なのは、「歩き」にはリズムがあるということです。それは歩きのテンポの違いがあるということや、上下動の繰り返しにリズムがあるといったことだけでなく、動きの中に加速する速い部分と、減速する遅い部分とがあるということです。そしてインビトゥイーンの絵を入れるときには、こうした加速・減速を理解して、ポーズとポーズの間の移動量（スペ

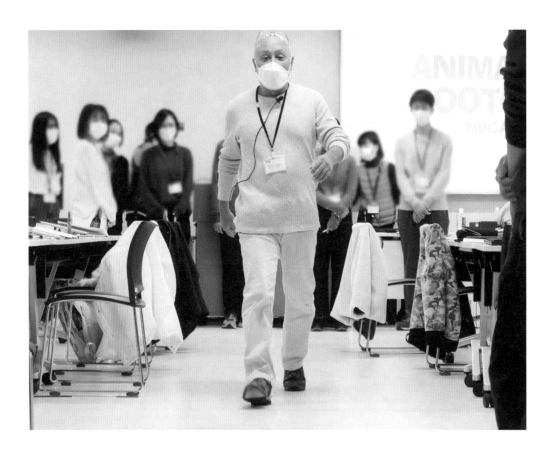

ーシング）を適切にコントロールする必要があります。そのためにも、まずは歩きの中にある加速・減速のリズムを、的確に捉えなくてはなりなせん。

　先ほどの振り子の例であれば、動きが最も速くなるのは振り子の真ん中で、両端にいくほどに減速していくことがすぐにわかりますが、歩きのように複雑な動作ではそれほど単純ではありません。そこでまずは実際に歩いてみて、自分の身体がどこで加速し、どこで減速するかを体感してみましょう。加速するのは、足が地面を離れる時でしょうか？　身体が片足に乗った状態から前に振り出す時でしょうか？　減速するのは、身体の上下動の一番高い位置でしょうか？　あるいは低い位置でしょうか？

　さまざまな歩きを体感してみるとわかるように、実はこの答えは一つではないのですね。ノシノシと前のめりに歩くときには足を蹴り出した時に強く加速するでしょうし、リラックスしてゆっくりブラブラ歩くときには身体が片足に乗るときに減速して、そこから足を前に出すときに加速するはずです。あるいは疲れ切った状態でノロノロと歩くときには、加速も減速もほとんど感じられません。

　もちろん、基本的な歩きに共通する加速・減速の仕方はありますが、とはいえそれを正しい唯一の方法として捉えているだけでは「自然な歩き」は表現できません。まずはさまざまな歩き方を観察し、たくさんの歩きをアニメーションで表現しましょう。それらを通じて、その性質や感覚を自分のものにして的確な加速・減速のリズムを表現に利用できるようになれば、演技の幅は大きく広がります。

細部の観察

「自然な歩き」の表現をブラッシュアップしていく際には、細部まで意識を向けることが重要です。例えば歩きにおいて注目すべき細部の一つが、足首です。歩きの途中で足首の角度が同じまま「歩き」を描くと、とても不自然になってしまいます。人間は絶えず動いているので、一枚一枚描くごとに、足首の角度も変わるはずです。地面と足の関係や、体重が乗っているか、乗っていないかを踏まえて、細かな足首の描き方まで気を配るようにしましょう。

　さらに足首を意識するだけでなく、足の裏も意識してみてください。私たちが歩く様子を正面や後ろから見たとき、足の裏は見えるでしょうか？　足の裏に目立つ色のテープを貼って、歩いているときにそのテープが正面や後ろから見えるかどうかを確認してみれば、その答えがすぐにわかるはずです。

　こうした細部の観察をもとに、最終的にアニメーションとして仕上げていくことになりますが、2Dによる手描きの表現の場合、そこでクリーンアップの技術も必要になります。その詳細については、次の特別講義で説明しましょう。

5-4　特別講義1
ラフな絵を立体的な絵にまとめるために

講師：富沢信雄

　ここまで「演技をつくる」方法について、主に動きの表現に焦点を当ててきましたが、本特別講義では視点を変えて、ラフに描いた絵をどのように立体的な絵に仕上げていくかというクリーンアップの技術について説明します。

「クリーンアップ」の意味

　まず、本書で扱うクリーンアップは、一般的な2Dによる手描きの商業アニメーションの動画工程で言う「クリーンアップ（もしくはクリンナップ。彩色工程に回す前段階として均一な線で清書すること）」とは異なります。ブートキャンプにおけるクリーンアップは、モノを「そのものらしく見せる」ということに重きを置いた用語で、具体的には「ラフな絵を立体的な絵にまとめていくこと」を意味します。

　アニメーションにおいて、モノを「そのものらしく見せる」とは、「それが表現される作品世界に合わせた描き方をする」ということです。ブートキャンプでは、キャラクターの演技に注力してもらうために、背景を描くことはほとんどありません。しかし、そこに空間や作品世界が立体的に拡がっているということを想定した演技づくりを求めています。

　もちろん平面的な表現を否定するわけはありま

平面的クリーンアップ　　　　　　　　　　　　立体的クリーンアップ

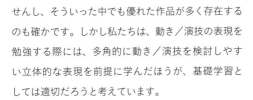

せんし、そういった中でも優れた作品が多く存在するのも確かです。しかし私たちは、動き／演技の表現を勉強する際には、多角的に動き／演技を検討しやすい立体的な表現を前提に学んだほうが、基礎学習としては適切だろうと考えています。

　したがってブートキャンプにおける「そのものらしく見せる」とは、すなわち「立体的な空間の中に存在するかのように見せる」ことであり、仕上げ段階のクリーンアップについても、平面的に整えるだけの清書ではなく、「モノを立体的に感じさせる」ことを目指してもらっています。

　以上をふまえて、本講義では、どうすればラフな絵を立体的な絵にしていけるかについて、いくつかの技術的ポイントを具体的に説明していきましょう。

　まず、機械的に描かれた平面的クリーンアップと、対象の立体感や質感を意識して描かれた立体的クリーンアップの違いを見てください。

　とても微細な違いですが、キャラクターが無機質に感じられてしまうものと、そうでないものとの違いがわかるでしょうか？　詳細については後述しますが、パッと見た印象がどうも違うぞということは、多少なりとも感じられるのではないでしょうか。

　モノの形や性質を考えずに引いた線と、モノを理解して引いた線では、線の数が同じでも、それが見る人に与える印象は微妙に異なってきます。細部の線の引き方次第で、キャラクターやモノの存在感、印象に影響があるということを、まずは理解してほしいと思います。

121

どんなモノか伝わるように描くための7つのポイント

1　立体か、平面か

　平面的クリーンアップは、まっすぐに線がつながってはいるのですが、それぞれ、ただ線を引いただけのものになっています。それに対して立体的クリーンアップでは、対象が立体として捉えられています。特に首回りや袖口の描き方を比べてみると、違いがわかるでしょう。

　こういった部分はついまっすぐに線を引いてしまいがちですが、服の下に人間の首や腕があって、服はその上に沿って存在するものだという意識を持ち、首回りや袖口の丸みに気をつけて線を引きましょう。

　また、足も同様です。立体的クリーンアップでは、靴の形が立体的に描かれています。それによって、足が靴の中に入っているように見えます。

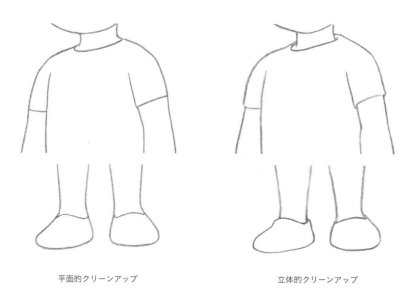

平面的クリーンアップ　　　　　　　　　　　　　立体的クリーンアップ

2　角ばったモノか、丸みを帯びたモノか

　次の絵は、大きな箱を抱えた少年を平面的クリーンアップと立体的クリーンアップで描いた例です。少年の背中の線は、有機物としての丸みを帯びた柔らかい印象を持たせるために、やや太めの柔らかい線で引いています。箱は硬い物体として描くために、シャープな線で角をきっちり描きます。直線を直線で描くことで、硬いモノを表現することができます。

箱はシャープな線
で角をきっちり

背中の線は太めの
柔らかい線で

平面的クリーンアップ　　　　　　　　　　　　立体的クリーンアップ

3　曲がるモノか、曲がらないモノか

　例えば人間の腕であれば、左図のように曲がります。パイプのように硬いモノは曲がりません。それを無理やり曲げようとすると、右図のような曲がり方になるでしょう。人間の腕は柔らかいので、柔らかい線で引かなくてはなりません。

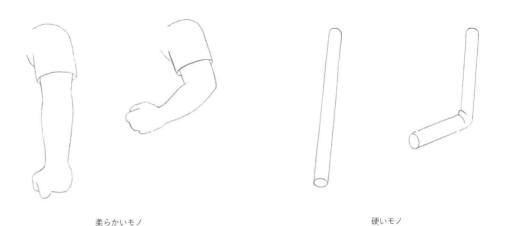

柔らかいモノ　　　　　　　　　　　　　　　　硬いモノ

4　どのように曲がるのか

　右図は同じポーズですが、腕を曲げた部分の線の引き方によって、ポーズ自体が大きく違っています。どのような曲げ方なのか、あるいはどのような動きなのか、自分の表現したいポーズをはっきり意識して線を引きましょう。

5　モノの境目か、シワか

　モノの境目の線は、太めの線ではっきり描く方がよいでしょう。例えば、ズボンの裾と足の境目。これはモノが違うので、太い線で描くのがおすすめです。一方で、服の皺を入れる場合は、同じモノの上なので細い線でシュッと描きましょう。

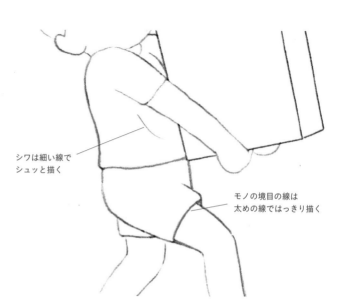

シワは細い線でシュッと描く

モノの境目の線は太めの線ではっきり描く

6　太い線と細い線の使い分け

　例えば、膝を描かなければいけない場合、ふくらはぎよりも細く描いた方が、膝らしく見えます。太い線と細い線をうまく使い分けて描くようにしてください。

7　線の重なり

　平面的クリーンアップの、脚の描き方を見てください。線が重なっていて、どのような立体になっているのかわかりません。どちらが上でどちらが下か、はっきり描くようにしましょう。

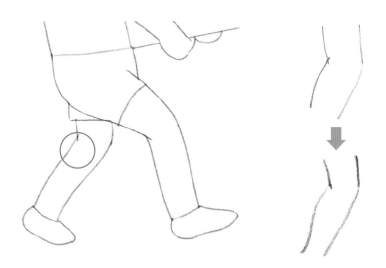

　そしてもう一つ注意しなくてはならないのは、線が交差する場所です。平面的クリーンアップのように、線が交差している箇所を単純に十字のように描いてしまうと、立体感もなければ丸味もない、ただの線になってしまいます。このような場合は、わずかに線を1本ずつくらいずらして、どちらが手前でどちらが奥かというのを表現するようにしてください。

空間にいるキャラクター

　ここまでモノやキャラクターの材質や立体感に焦点を当ててきましたが、最後にもう少し視野を拡げて、キャラクターもモノも空間の中にある、ということを意識して描いてみましょう。そのときに重要なのが「アイレベル」です。アイレベルとは、その対象物を見る時のこちらの視点の高さです。

　立体に関して、まずは円柱を使って説明しましょう（図1）。5つの異なるアイレベルからの円柱を描いてみました。（A）アイレベルが円柱の真ん中の高さにあった場合。（B）アイレベルが上部の高さにあった場合。（C）アイレベルが下部の高さにあった場合。どうでしょう、違いがわかりますか？　さらにもっと極端な（D）円柱より高い位置にカメラがある場合、（E）地面すれすれにカメラがある場合もあります。

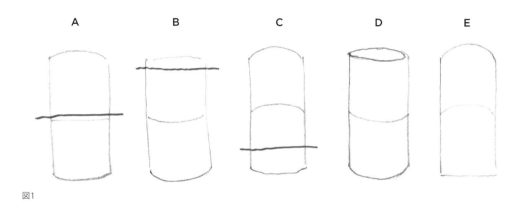

図1

　キャラクターを描く時も、アイレベルを明確にして描くと、存在感がまるで違います（図2）。（A）アイレベルが鼻の高さだと、お腹の線は下方向に膨らみますし、足の甲が見えます。（B）アイレベルが膝だとどうでしょう。お腹の線は上方向に膨らみます。首と顎の見え方も変わりますね。

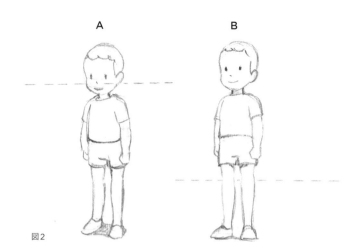

図2

　両者の違いをわかりやすくするために、立方体のボックスを描くとこのようになります（図3）。背後にドアも描いてみましょう（図4）。背景もあると、さらに違いが明らかになりますね。

　手描きのアニメーションは基本的には2次元の表現ですが、3次元の空間を意識して描くことで、たとえシンプルな線のみで描かれていても、あるいは背景に何も描かれていなくても、より存在感のある表現になります。

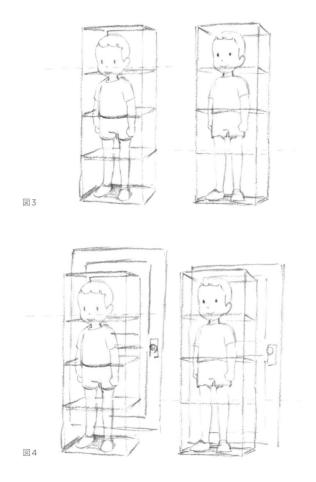

図3

図4

Profile
富沢信雄（とみざわ・のぶお）
株式会社テレコム・アニメーションフィルム所属のアニメーション監督。アニメーターとして『ルパン三世 カリオストロの城』（1979）、『未来少年コナン』（1978）などに参加。『名探偵ホームズ』（1984-85）では演出・絵コンテとして参加。その他の代表作として、『NEMO/ニモ』（1989、アニメーションディレクター）、『無敵看板娘』（2006、監督）、『二十面相の娘』（2008、監督）、『ひめチェン！おとぎちっくアイドル リルぷりっ』（2010、演出・助監督）、『ルパン三世 PART4』（2015、絵コンテ・演出）、『ルパン三世 PART5』（2018、絵コンテ・演出）、『つくもがみ貸します』（2018、絵コンテ・演出）などがある。

5-5　特別講義2
アニメーションの自然な演技を考える

講師：沖浦啓之　聞き手：竹内孝次

※本原稿は、2014年2月16日に行われた「アニメーションブートキャンプ2013」における沖浦啓之氏の公開講座をもとに加筆修正を行い掲載しております。言及については当時のものであることをご了承ください。

動いて考える

竹内　アニメーターから監督になられた沖浦さんに聞きたいのは、アニメーターの部分と監督の部分と、両方のお話です。アニメーションで演技をするということに関して、ご自身の考えや方法などについて伺いたいと思っています。まず、ブートキャンプの参加者の作品は見ていただけましたか？

沖浦　見ました。

竹内　面白かったですか。

沖浦　ええ、面白かったです。

竹内　ボール課題※は単純な重さを感じて、それを次の人に受け渡すということだったんですが、もし沖浦さんがあの課題をやるとしたら、どんなことをポイントにして考えるでしょう？

沖浦　いざ、机に向かってみないとわからないですね。実は取りかかる前は、八割方、なめてかかっちゃうんです。自分の残念な部分ではありますが、そうでないと続けられない仕事でもあるので…。大いなる勘違いを持ったまま、まず自分の担当するカットに臨む。できそうな気はしてるけども、やってみたらえらい奥が深かったりして、ドツボにはまってしまうというのが多いんですけどね。だから、さっきのボールの課題

も、きっとぐちゃぐちゃ考えながらやるしかないと思います。

竹内　そういう時は、いきなり紙に描き出すものなんですか。

沖浦　そうですね…。自分で動くにしても、ボールが近くにあるかどうか。意外となかったりすると思うんですが、多分、まずは想像で取りかかりますね。

竹内　でも、あれは沖浦さんにとってはそんなに難しい演技じゃないでしょう？

沖浦　いや、難しいんじゃないですか。

竹内　あ、そうですか（笑）。難しいと思ったときに、やっぱり自分で立ち上がってやってみるんですか。

沖浦　そうですね、それはもうしょっちゅうやりますね。もちろん、動ける場所がないと厳しいんで、会社でも可能なときは、スペースを確保してもらったりします。あんまりそういう人はいないと思いますけど。最低4〜5歩は歩ける空間がないと、歩き出しと立ち止まりの芝居っていうのができないんで。数歩歩いて、やっと連続性がなんとなくイメージできると思います。

　昔、作業していた会社では、スタジオの屋上へ出入りができたんです。走るカットを描かなければいけないときはちょっと屋上に行って、何本か走って考えて、下りて机に戻る。描こうとして、「え、あれ？

※ここで言う「ボール課題」は、ブートキャンプで行われている、ボールを受け渡すアニメーションを描く課題のこと。重さの違うボールや、受け渡し方、カットの繋がりについても学ぶことのできる課題となっている。

どうだっけ、右から出たっけ、左から出たっけ」とわからなくなり、また屋上に戻って確認するという、そんな感じでした。

竹内 それで描き出して、一発でうまくいくものですか。

沖浦 いえ、もちろん自分を客観視して動きを見ることはできないので。大体の動きの構造がつかめたら、なんとなくうまくいきそうな気はするんでしょうけど、ものすごく構造がつかみにくい動きというのはやっぱりありますからね。意外とイメージのみで描いたほうがいいということも、結構あるかもしれません。

人間と妖怪の動き

竹内 いわゆるアクションものの作品の中にも普通の動きがあって、それでアクションもあるじゃないですか。例えば沖浦さんが監督を務めた『ももへの手紙』（2012）には人間的なお化けが登場しますが、お化けっぽく動いていましたよね。ああいったものは、どういう発想から引っ張り出してくるんですか。

沖浦 『ももへの手紙』をやったときの取っかかりとしては、「なんか人間を描くのが非常に疲れたな…」「そういえば、ちょっと妖怪に興味あるな」と（笑）。

竹内 描いてみたいから出したということですか？

沖浦 そうですね。人間じゃなくて妖怪だったら、ある程度は理屈を考えずに動かしてもいいんじゃないかと。人間だと自然に描かなければいけないっていう縛りがありますが、ちょっと人間とメンタリティが違う人たちなら、普通の人間と比べてもっとストレートな感情表現や芝居づけができそうな気がして。動きにしても、もっとぐにゃぐにゃしたもののほうが面白いんじゃないかと思ったり。そんなところが、きっかけではあるんですけどね。ただ、やはりそこに物語が付随してくるので、そう簡単にはいかなかったんですけども。

竹内 僕の中の沖浦さんのイメージというと、『老人Z』（1991）や『走れメロス』（1992）、『人狼 JIN-ROH』（1999）といった非常にリアルな、ある意味で人間らしさのある作品が浮かんでいました。ファンタジーみたいな変わった作品も他にやっていたのですか。

沖浦 大橋 学さんが作監をされている作品（『ちびねこトムの大冒険 地球を救え！なかまたち』、1992）など、そういう作品にも参加したりはして、やっぱり勉強になりました。

竹内 特にこういうジャンルが好きとか嫌いとかっていうことはありますか。

沖浦 ないですね。合う合わないというか、得手不得手はあると思いますけど。

竹内 ちょっと古い話になりますが、『アルプスの少女ハイジ』（1974）の第2話に、ハイジのわらのベッドを作るというシーンがあります。おじいさんとハイジがベッドのシーツの四隅を持つんですが、ばーっと広げると向こう側でハイジが浮くんです。ああいった表現は監督としてはどう思いますか。

沖浦 うーん、今見てもほとんど違和感を感じない気がしますが、今作るという観点から考えるとまた違ってくるのかもしれません。時代性も含めて、自分自身が「ここではこれが正しい」と本当に信じている場合じゃないと、うまくいかないかもしれない。今それと同じことを半信半疑でやっても、やはり全体的に見て（そういった表現が）浮いてしまう可能性は高いですよね。あのときは他のシーンがリアルでも、そういう表現が入り込める余地があった。それを信じるバランスといいますか、何か確固たるものが演出、作画にも存在していて、その中から生まれているものだと思います。だから、今それをやるかどうかというのは、やっぱり難しいんじゃないかな。

竹内 例えば、監督としてでなくアニメーターとして、「沖浦さん、このシーンやってくれ、これは浮くんだよ」って言われたら、やりますか。

沖浦　納得できれば、多分頑張ってやると思います。

竹内　そのときって、やっぱり悩みます？

沖浦　悩むでしょうね。子どもって、結構重いですからね（笑）。

竹内　先ほどからの話だと、沖浦さんは自分で走ったり歩いてみたりして、実感で作っているわけじゃないですか。でも、ハイジが浮いちゃうというのは、実際にはありえないわけですよね。それでも、アニメーターとして納得ができれば、できそうな気もするということでしょうか？

沖浦　うまく描けるかどうかは別として、その気分がわかれば、できるかもしれません。その動きがどうしても必要なんだという場合においてですが。ただ、そこまでいくと日常芝居というよりは、アクションに属する動きかもしれないですね。自然か自然でないかという観点ももちろんあると思いますが、それ以上に、作画として要求される部分としてはアクション的な要素とか、そういう広げ方をしなければ難しいかなと思います。

竹内　逆に、沖浦さんが自然な動きを考えるときに、意識していることはありますか？

沖浦　本当のことを言うと、最終的には描けるものしか描けないので、いくら色々理屈を付けても「これしか描けませんでした」っていうのが正直なところなんです。ただ、一つのちょっとしたしぐさをするのにも、考え方は何パターンかあるわけで。

　イメージできるものとして、この作品の中のこのカットはどうあるべきかということと、ちょっと自分ではこういうことをやってみたいなという部分と、演出さんが求めているのはこっちかなというのと。そういったいくつかの方向性としてまず最初に浮かんだ中から、現実的にうまくいきそうなものを、手探りでちょっと薄く描いてみる。そこから「これはないな」「こっちかこっちだな」というふうに絞り込んでいく感じですね。

竹内　その絞り込んでいくときの判断基準というのは、この作品に合うか、この演出に合うかということですか。

沖浦　そうですね。「ここで一番伝えなきゃいけないのは、これだな」というのがあるわけじゃないですか。どっちがいいかというのは、やってみなければ最終的にはわからないかもしれません。大切なのは、作品としてこのカットが要求しているものは何だろうかということですね。もちろん自分が描きたい方向っていうのも、その中に紛れ込ませてはいるかもしれないけれども、なるべくおかしくならないようにしたいなというのはあります。それが自然かどうかというのは、ちょっとわかりませんが。

自然とはどういうことか

竹内　「自然である」というのはどういうことなんでしょう？

沖浦　しぐさなのか演技なのかというところで、また違ってきますよね。会話をしているときのしぐさなのか、日常の中で持ち上げるだけの動きなのか。相手がいるときに、実際に現実的に相手との関係においてどういうふうに立ち回るかなどもあるかもしれません。ただ、それはちょっと演出的な領域かもしれないですけど。

　例えば映画とかドラマを見てると、役者さんが芝居をしているわけじゃないですか。やっぱりそれは芝居であって、ある程度セリフも流暢にしゃべってるし、計算された段取りの中で動いています。でも実際の我々の日常の中にある動きっていうのは、無駄が多いですよね。まっすぐに歩くというのは難しいし、しゃべるときにも「えー」とか「あー」とか…僕は特に入るんですけど（笑）、そういう間があったりして。会話の中で長時間、人と目線を合わせているのはどうも気恥ずかしいから、しゃべりながらずっと目を合わせる

ことも、なかなかない。それが実際リアルなところなんだろうけれども、本当にそういうリアルな日常を切り取っていたら、時間がかかって仕方ないというのもあります。

　それと同時に、もし役者さんがそういう現実的な部分を目標とすることがあるんだったら、アニメーターも役者というふうに考えれば、基本はやっぱり現実に起こってることがベースにあるとは思うんですけどね。ただ、それを紙の上にまとめて単純化して表現していくときに、やっぱり演技をしている人を描くことになるというか。現実を追い求めているというよりは、演技者をここに出現させようとしているのかもしれません。

竹内　学生から質問が出たんですが、アニメーションや実写などの映像を参考にして、演技やポーズなど動きを考えることはありますか?

沖浦　そうですね。街を映してるだけの映像が、BGMつきでぐるぐるローテーションで流れていたりするのを夜中にたまたまテレビで見ていて、はっとするようなことがあったりしますけど。それは、例えば人がパッと振り向くだけでも。

竹内　さっきいくつか作品のタイトルを出しましたが、沖浦さんはどちらかというとリアル系というジャンルに含まれるキャラクターを多く扱っているじゃないですか。だけど、そういったキャラクターを扱っていても、普通の人間とは違うんじゃないかと、僕は思ってるわけです。歩きにしても、そのアニメーションのキャラクターの動きになっていて、役者の動きとはちょっと違うんじゃないかと。そういう動きは、どう作ってるんですか。

沖浦　例えば『ももへの手紙』で、イワっていう大きい妖怪がいるんです。あれは、動きとしては『じゃりん子チエ』(1981)のテツのイメージなんですね。歩きだけでなく、暑苦しいおっさんの芝居のイメージも含めてなんですが。僕の頭の中では、コンテを描い

ているときも、その感じをどうすれば出せるだろうかと考えていました。テツの歩きは、はるき悦巳さんの原作にある絵を活かしたりしながらやっておられると思うんですけど。ただ、いろんな作品を見ている中でも、『じゃりん子チエ』の歩きが一番うまくいってるような気がして。もちろん他にもいい歩きというのはいっぱいありますけどね。あの歩き、気持ちいいんですよね。

竹内　テツの歩きは、ちょっとがに股でね。チエちゃんの歩き方は、足を伸ばすという典型的なものなんですけど。あれは原作にあったポーズで、普通の人間はとてもあんな格好で歩けない。歩けないんだけども、やっぱりそうやって歩かせたいので、途中どうしたらいいんだろうという話になって、色々考えながらああいう歩きができたという経緯がありました。このポーズがいいから、こいつでいきたいというようなことを考えることもあるんですか?

沖浦　いつもはそうではないかもしれないですけど、そういう特殊なキャラは特徴付けとして、性格が出てると思うんですよね、歩き方で。そういったものを、ちょっといただきたいなとか、そういうふうには思いますけど。ただ、普通の人間を描くときには、やっぱりなかなか難しいですね。そもそも「歩き」を描くだけで難易度が高いですから。

竹内　主人公のもものような、少女のキャラクターはどうやって作ったんですか。

沖浦　どうやってと言うと、そんなに考えてないかもしれないです。

竹内　自分の引き出しの中で、こういう少女というふうに、デザインも含めてポッと出てきたということですか?

沖浦　いや、どうだったでしょうか。でも当時、作り始めたころですが、子どものいるスタッフのマンションに、小学校6年生ぐらいの子どもたちに集まってもらって、ちょっとしゃべったりしたことがありました。

『ももへの手紙』Cut-0270〜0273　絵コンテ

母・いく子と、いくこともものしぐさの違いによって、キャラクター性が表れているシーン。動きの中で、どのように台詞を発しているかも詳細に記されている

© 2012『ももへの手紙』製作委員会

『ももへの手紙』Cut-066C〜0661 絵コンテ

妖怪のイワ・カワ・マメのコミカルな動きが印象的なシーン。身体の大きさの異なる、3人のそれぞれの動きやテンポ感が、とてもて丁寧に設計されている

ただ、それが直接モデルになったわけではないんですが。

竹内　小学校6年生の女の子というのはどんなんだろう、ということを意識して集まってもらったということですか？

沖浦　そうですね。男の子もいましたけど、その年代の子ってどんな感じかなっていうのはありました。あとはNHKのドキュメンタリーなんかを細かく探すと、小学校が舞台のものが結構あって、例えば『課外授業 ようこそ先輩』(1998-2016)とか、6年生の子たちが出てくるじゃないですか。そういったものを探していく中で、そこからイメージがつかめたりするっていうことはありますけどね。

竹内　それは監督としての沖浦ですよね。

沖浦　そうです。

日常芝居の大切さ

竹内　沖浦さんが監督するとき、こんなアニメーターであったらいいなと思うのは、どんな人ですか。

沖浦　言うことを聞いてくれる人でしょうか。暴れん坊もいますから（笑）。

竹内　暴れん坊というのは、監督沖浦のアイデアに、やっぱりこういうアイデアって、自分のカラーを出してくるっていうことですか。

沖浦　アニメーターにはいろんなタイプがいて、面白いものを考えてくれる人には、やっぱりそういう余地のあるところをやってもらいたいなと思います。ただ、作品の中の大部分は、非常に地味なものじゃないですか。スターというか、本当に何でも描ける、そういう実力のある人には、目立つところをやってほしいですよね。おいしいところや面白いシーンを、さらに動かして膨らましてほしいなというふうに思うけれども、ただ、それはやっぱり作品の中では割合が少なくて。むしろ立ったり座ったり歩いたりとか、そういう実直な部分をみんなにやってもらわないといけないということになるので。それはどの現場でも大変なんじゃないかなと思いますけどね。

竹内　そういうところって、単純に言えば日常芝居でしょう。日常芝居って華がないわけですよね。ボトルの水を飲んだりとか、キャップ外したら手間かかるし、そんなことばっかりで、そこを褒めてくれる人ってほとんどいないですもんね。

沖浦　そうなんですよね。うまくいっても普通にしか見えないですから（笑）。失敗したらすぐにわかるのに、成功してもスルーされてしまう。

竹内　昨今のTVアニメーションで特に言われてるのは、例えばふたを取るなんて時間がかかるし面倒だからそういうところはカットしちゃって、手を伸ばして、次のカットでキャップを開けたボトルが口のところに来てるとか、そういう演出が多いわけじゃないですか。それに対して、沖浦さんは丁寧に作られていますよね。やっぱり、そういう丁寧な描写が好きなんですか。

沖浦　なんか愚直なだけな気もしますけど（笑）。でも、年々つらくなってますね。

竹内　でも、つらくても、監督としてアニメーターに求めることになりますよね。

沖浦　求めるって言ったら申し訳ないですが、アニメーターじゃない演出の人だったら、結構きつい要求も逆にしやすいかなと思うんですけどね。自分がアニメーターだと、やっぱりこれを描くのがいかに大変かということがわかるので、それを気づかないふりをして、渡さないといけないという。

竹内　そういう部分では、気遣いをしているということですね。気遣いをしながら、そういう大変な、味のあるカットも渡しますよという。逆に、学生は「アクションシーン描きたい、かっこいいポーズ描きたい」って言うんですよ。アクションシーンは大変ですか。

沖浦　大変には違いないと思いますよ。どんなアクシ

ョンかということにもよりますが、アクションにはアクションの大変さがたくさんあって。

　作品を作っていく上で、突出している人とか、そうでない普通の地味な存在かもしれないけども堅実な仕事をする人とか、やっていくうちに色々なタイプが出てくるもので。もしかしたら、かなり若いうちからはっきりしているかもしれないですが。ただ、原画マンにカットを割り振って「誰にこれをやってもらうか」と決めるときにも、アクションの大変そうなところはもうこの人だよね、って自然に決まってくるものなんですよね。

動画で学ぶこと

竹内　沖浦さんは、動画の経験はあるんですか。

沖浦　動画は2年やりました。途中から原画も描きながらなので、並行でした。なぜか自分は動画が結構好きだったんですよね。動画がつまらないから原画マンに早くなりたいっていう人が多いじゃないですか。自分は、動画だと色々な原画を見れるというのもあるし、それなりに楽しかったんだけど。ただ、ものすごい汚い動画マンだったんですよ。線も汚いし、ラフも取らないから、多分ぞっとするような動画を描いていたと思います。原画マンとしては、こいつには割ってほしくないなというタイプですね（笑）。

　原画マンになってから自分のカットの動画をやってみると、面白いんですよ。自分の描いた原画を割ってみると、いかにこれがダメな原画かっていうのが、ものすごいよくわかるんです。単にポーズが並んでるだけじゃないかっていうぐらいの原画で、「なぜおまえは、ここが中2枚でいいと思ったんだ」みたいな（笑）。そんなわけねえだろうって、自分に突っ込みが入ってしまう感じですね。

竹内　それは自分でやってみたんですか？　自分の原画を動画に。

沖浦　原画と動画を並行でやってたんで、自分のカットにうちの師匠（谷口守泰）が作監（修正）入れたやつが、動画としてまた自分のところに回ってくるんですよ。そのときに自分で割ってみると、これがもう驚きで（笑）。

竹内　驚くっていうのは、うまくいってないっていうこと？

沖浦　そうなんです。割れないんですよ。

竹内　割れないってどういうことだろう？　キーポーズとキーポーズが、原画にありますよね。単純にいえば、その間に2枚途中の絵を入れるということじゃないですか。割れないということは、途中で決まらないポーズが多いということ？

沖浦　流れがおかしいんですよ。間にどういう絵が入るから、ここにこういうポイントがくるはずだっていうところが、わかっていないから。理想としては、送り描きで全部描いた動きの、ポイントを抽出してあるようななめらかさが基本としてはいいとは思うんですけども、やっぱり時間のない中で描いている原画って、そんなつもりになって描いてるだけで。

竹内　こういうポーズとこういうポーズを作ったけど、結果としてはとてもつながらないようなポーズになっていたということですか。

沖浦　そうですね。つながらないというか、無理やりやればどんな絵でも入るけども、流れとしておかしいということになってしまう。

竹内　それも自然じゃないっていうことですよね。そういうことに、そのとき初めて気がつくんですか。

沖浦　当時はそうでした。

竹内　それは自分で描いてみないと、気がつかないものですか。

沖浦　人によっては気がつく人もいるかもしれませんが、自分の場合は描かないとなかなか見えてきませんでした。

仕上げの難しさ

竹内　今回ブートキャンプの参加者に言ったのは、まず自分で動作なりしぐさなりをやって発見してください、それをもう一回描くという表現につなげてくださいということでした。今のTVシリーズの制作現場の中では、なかなか実現できないようなやり方なんですよね。参加者の作品を見てみて、なにかお気づきの点などありますか。

沖浦　面白いなと思ったのが、最初にラフで仕上げたものと、後で清書されたものとがありますよね。ラフのときにすごくいいな、面白いなと思ったものが、清書すると「あれ？」って感じになっていることが結構ありまして。実はプロの現場でもそうで、時間がないから動撮、原撮、ラフ原撮※とか、アフレコ用に先に作ったりするんですが、原撮やラフ原撮のときに「いいね」と思ったものが、色までつくと、そうでもなくなってるっていう経験がみんなあると思うんです。線がまだぐちゃぐちゃと残ってたりするのを撮影していくと、それがパカパカして迫力があるように見えてたのが、いらない線を整理して削ったら、それほどでもなかったっていう。見比べるからそう見えるだけで、実際にはそういうことではないんですけどね。

　ただ、清書まですると、画力とか、立体のつかみ方とかの違いが出てきたりします。ラフの段階では、うまければ些細なことは全然構わない気がしてたけども、清書してこんなに感じが変わるっていうのは、結構大きいなと。非常に面白いものを持っていても、それが実際の仕事となれば、フィニッシュの部分というのもやっぱり大事になってくると思うので。

竹内　ラフのときにはなんとなくキャラクターになってたものが、清書する段階で、もしかしたらキャラクターと思わないで、何か記号になってしまっているかもしれないということですよね。

沖浦　ああ、そうですね。

竹内　キャラクターであれば、清書してもやっぱりキャラクターはキャラクターだと思うんだけど。

沖浦　そうですね。慣れっていうのもありますから、うまく見える感じとか。あれだけシンプルな絵だと、逆に難しい可能性もありますよね。

竹内　あれは難しいですよね。1本の線でまとめるというのは、アニメーションではどうしても必須のことなんだけど、ここしかないという1本の線で描くっていうのは、やっぱり大変なことですよね。

沖浦　余計な線、余計なしわとか、多少そのルールの中にないことをやってごまかしていかないと、うまく見えないことってありますからね。

竹内　学生たちにこれからどうしたらいいかとか、何か贈る言葉はありますか？　沖浦を目指して頑張れとか。

沖浦　いやいや、それはありえないです（笑）。「こんな人にはなるなよ」っていう。実際にこれから2Dアニメーションの現場に来てくれる人がどれぐらいいるかもわかりませんし、なるべく才能のありそうな人は来てくださいって言うしかないです。ただ、個人的には3DCGの現場にも優秀な人材が増えてきているだろうなという興味はあります。

　今は海外のアニメーションだと、ほとんど3DCGの作品が多いじゃないですか。そういったものを見ていると、それこそ芝居の部分でも驚くほどレベルの高いものがたくさんあって。日本でも何か良い作品が出てくるのかなという気がしてきたり、逆に3Dがいいのか2Dがいいのかという非常に難しい問題が出てきたり。

※動画や原画、ラフ原画を撮影して動画にしたもの。本番素材による撮影の「本撮」が間に合わない場合に、途中工程の素材で撮影をして確認を行う。

　2Dの良さといえば、やっぱり3Dでは出ない揺らぎ的なものとか、カットごと、1枚ごとに絵が違ったりすることで出てくる魅力というのが、絶対あるはずだと思ってやってるわけじゃないですか。ところがどんどん良い3Dの作品が出てくると、その2Dの優位性も揺らぎかねない部分がある。そうすると今度は、アート的な描き方やいかにも手描きを強調した描き方にしていかないと、精密な2Dをいくらやっても、3Dで計算したものには勝てないわけです。

　3Dも大変だと思いますが、2Dでいうと、1枚1枚描いていくのはこれ以上ないぐらい大変なことなので、自分たちの中に「やっぱり手で描いたものが好きなんだ」っていう気持ちが大事かなと。そういう気持ちでずっとやっていこうと思える人や、手描きが好きなんだっていう気持ちが自分の中で確信としてあり続けられる人じゃないと、これからは（2Dアニメーションの現場では）難しいのかなとは思います。

Profile
沖浦啓之（おきうら・ひろゆき）
アニメーション監督・アニメーター。1982年、作画スタジオのアニメアールに入社。『星銃士ビスマルク』（1984-85）で作画監督デビュー。『AKIRA』（1988）、『老人Z』（1991）、『機動警察パトレイバー the Movie 2』（1993）、『パプリカ』（2006）、『ヱヴァンゲリヲン新劇場版：Q』（2012）、『思い出のマーニー』（2014）など数多くの劇場作品で原画を担当。代表作に『走れメロス』（1992、キャラクターデザイン・作画監督・絵コンテ）、『GHOST IN THE SHELL / 攻殻機動隊』（1995年、キャラクターデザイン・作画監督・原画）、『イノセンス』（2004年、キャラクターデザイン・作画監督・原画）、監督作に『人狼 JIN-ROH』（2000年、監督・キャラクターデザイン）、『ももへの手紙』（2012年、原案・脚本・監督）などがある。

Part 6

アニメーションブートキャンプ
の教育

「アニメーションブートキャンプ」とは？

前章までの内容で、「まえがき」で述べた本書のねらい──「伝わる表現」への「解決に至る道」──は、おおよそガイドし終えました。最後を締めくくる本章では、本書の前日譚（？）として、改めてこの本のルーツである「アニメーションブートキャンプ（以下、ブートキャンプ）」についてご紹介しましょう。

はじまり

ブートキャンプは、今から10年以上前、2012年に文化庁の「メディア芸術情報拠点・コンソーシアム構築事業」※1の中で始まったプロジェクトです。発端は、その前年に福岡で行われた「アニメーター育成プログラムテストケース」で、本書の著者である竹内孝次と稲村武志をはじめとする産業界の有志チームが九州の大学・専門学校と協力して、学生たちを対象にした4日間のワークショップを行いました。竹内はその前年に、経済産業省の事業で「技術を教える」ことに重きを置いたワークショップを実施していましたが、それを大きく方針転換して取り組んだのが福岡の実践であり、当時の事業報告書の中で竹内は次のように思いを書いています。

"（前年のワークショップ経験をふまえて）技術を教えるだけの教育から、「感じて、観て、表現する、そして観客の存在を意識する」という教育方法も取り入れるべき、という強い信念を抱いた。技術を持ち、尚且つオリジナリティを発揮し良質な作品を作る優秀なアニメーターや、現場を引っ張る力を持つ監督には、観察する＝自己発見する＝自己開発する、ということが必要不可欠だからである。技術を教える以前に、この根源的なものごとへの取り組みの姿勢を教えることが最重要だと考えた。"

この福岡の実践にオブザーバーとして参加したのが、本書のもう一人の著者である布山タルトでした。布山はワークショップにおける学びについて研究しており、参与観察を行って講師たちの指導方法を分析し、竹内らにフィードバックしたのです。それをきっかけに、竹内・稲村らアニメーション産業界側の教育実践者と、布山らアニメーション教育界側の研究者とのコラボレーションが始まり、新たな事業として立ち上げられたのが「アニメーションブートキャンプ」でした。

その後、2015年からは文化庁の「メディア芸術連携促進事業 連携共同事業」※2、2020年からは同庁の「アニメーション人材育成調査研究事業」※3の中の教育プログラムの一つとして一般社団法人日本ア

※1 2010年度から2014年度まで行われた文化庁の一事業（事務局：森ビル株式会社）。メディア芸術に関する情報収集・発信と、関連施設・団体・教育機関等の連携・協力を推進するため、情報拠点機能と連携体制を構築する基盤を確立し、メディア芸術の振興を図ることを目的としていました。

※2 2015年度から2019年度まで行われた文化庁の一事業（事務局：メディア芸術コンソーシアムJV事務局）。メディア芸術分野で必要とされる、新領域創出や調査研究等について、分野・領域を横断した産・学・館（官）の連携・協力により実施することで恒常的にメディア芸術分野の文化資源の運用・展開を図ることを目的としていました。

※3 2020年度から行われている文化庁の一事業（事務局：一般社団法人日本動画協会）。通称「あにめのたね」。アニメーション人材の育成方法について実践的な調査研究を行い、その成果の評価及び普及を推進することで、アニメーション分野の発展に資することを目的としています。

ニメーション教育ネットワーク（JENA）※4が運営する形で行われており、その他にも海外展開や子どもを対象とした教育プログラム、アニメスタジオにおける新人教育用ワークショップなども試みられています。

ブートキャンプの基本方針

ブートキャンプの教育方針はいくつかありますが、ここでは主要な3つを紹介します。

① 自己開発・自己発展できる人を育てる
② 身体で感じ、観察することの重視
③ 他者に伝わる表現を目指す

これらの方針には、どのような背景があるのでしょう。

まず方針①については、昨今の日本のアニメ業界全体、ひいては社会全体が直面している流動的で不安定な状況があります。急速なデジタル化への移行、AIをはじめとする技術革新、国内市場の縮小と海外市場の拡大、制作現場における慢性的な人手不足と技術継承の停滞…等々、このような不安定で先行きを見通せない時代を乗り切るためには、アニメーターも常に学びつづけ、自己開発・自己発展できることが必須になるはずです。

また方針②については、日本で毎年膨大な数のアニメーション作品が制作されているにもかかわらず（あるいはだからこそ）、表現者が既存の型（パターン）に依存しすぎていないかという問題意識があります。もちろん表現における型の重要性は言うまでもありま

せんが、ここで問題にしたいのは、新たな型を創り出そうとする意欲の低下です。ブートキャンプ講師たちの話では、監督から既存の表現の型を越えた演技の要求があった時に、対応できないアニメーターも少なくないと聞きます。そうした姿勢を打開し、新たな型を生み出すために鍵となるのが身体と観察であり、自分の身体で感じ、観察を重ねることを通じて、既存の型にとらわれない、新たな表現・演技が創り出されると私たちは考えています。

方針③の背景にあるのは、アニメーションを学ぶ学生たちに、幅広い観客に向けて「伝わる表現」を追求する志を持ってほしいという願いです。個人でもインターネットで世界中の人々に向けて作品を届けられる時代、本来ならば自ずとそうした意識が育まれてもよいはずですが、実際にはむしろその逆かもしれず、日常的にあまりにも膨大な表現に接することで自信を失ったり、いわゆるフィルターバブル※5の内側で受け入れられる状況で満足し、バブルの外側の幅広い観客に伝えようとする意欲が育ちにくかったりするのではないでしょうか。

※4　2020年4月設立。多様なアニメーション教育に関わる人・組織・場をつなぐ、垣根を越えたネットワークの構築を目指し、ワークショップを中心としたさまざまな実践を通じてアニメーション教育振興に取り組んでいます。
※5　SNS等でユーザーの行動に基づく情報が優先的に示される仕組みによって、ユーザーが自分の見たい情報だけに囲まれ、次第に自分の思想や価値観の「バブル（泡）」の中に無自覚に孤立していく状況を示す概念。

ブートキャンプの方法論

では、ブートキャンプの具体的な教育の方法論とはどのようなものでしょう。

まず方針①「自己開発・自己発展できる人を育てる」ための方法として、ブートキャンプでは技術や知識を一方的に教えることはせず、2Dでも3Dでも対応可能なアニメーション表現における基本的な「考え方」のヒントを示す指導を行っています。それを象徴するメッセージとして、ワークショップの冒頭でいつも竹内が参加者たちに語りかける言葉があります。

"僕たちは教えません。みなさん自身が表現したいことを持ち、それを講師たちに投げかけることから始まります。それを講師たちが手助けしてくれるのがブートキャンプです。"

自分自身の力で取り組むべき問題を発見し、それを解決するために他者の力を借りながら努力し、達成する。そうした積み重ねを通じて「自己開発・自己発展」の可能性を参加者たちが知る、そのような教育をブートキャンプは目指しています。

次に、方針②の「身体で感じ、観察する」ための方法として、ブートキャンプでは常に身体感覚を基点とし、身体を動かしてそれを観察することを促す指導を行っています。例えば重いボールを持ち上げる演技の作画では、ボーリングの球を会場に持ち込み、参加者たちにいつでもそれに触れられる状況をつくります。重いものを持ち上げる時、自分の身体のどの部分に力が入り、重心はどうなるか、さらには受け取る時の気持ちに至るまで、細かく観察してもらうわけです。また、講師が指導を行う際にも、率先して身体を動かしながら説明します。そうしていくうちに参加者たちの身体を動かすことへの抵抗がなくなり、みんな作画中にも自然と席を立って身体の動きを確認し始めるようになります。

方針③の「他者に伝わる表現を目指す」ための方法として、ブートキャンプでは「みんなでみる」ことを重視します。具体的には、制作途中の各自の映像をグループ内の全員で見ることをルール化し、そのアニメーションがどのように見えるかについて、お互いコメントし合う時間を設けます。そこに講師も介入するのですが、作品の出来不出来をジャッジする判定者としてではなく、あくまでも一参加者として意見を述べるにとどめます。中には途中段階を見せたがらない参加者もいたりしますが、しつこく「みんなでみる」ことを促すと、次第にそれが当たり前になっていきます。

また、その場で参加者がお互いの表現を吟味する際、「〇〇のように見える」という形式でフィードバックするように指導しています。これは、表現の技術的な問題点を指摘したり、良し悪しを評価することよりも、まずは一観客としてそのアニメーションからどんな印象を受けたかをお互いが率直にコメントすればよい、ということです。「〇〇」の部分には、基本的にオノマトペを使うことが推奨されます。例えば歩きの作画において、それが「のしのし」歩いているのか、「だらだら」歩いているのか、「せかせか」歩いているのか、そうした印象を伝えてもらうわけです。描く本人にも、事前にどのような動きを意図して表現するかについて、オノマトペでイメージを持つことが推奨されます。その上で、そのイメージが伝わったかについて「みんなで見る」プロセスを通して確認しています。

以上の3つの方法論に通底するブートキャンプのも

う一つの特徴的な方法論は、グループワークを基本として、各グループに講師がつく指導体制です。それによって生じるのが「グループとしての学び」です。1グループあたり、たいてい3〜6人程度の規模なので、講師が自分以外の受講生に指導を行っているときでも、傍らでその指導内容を聞いて吸収することができます。そのような環境では、一人の学びが波紋のようにグループ内に波及していきます。それこそが、協同で学ぶワークショップ形式の指導の意義であり、後述するようにオンラインでは実現が難しいところだと思います。

ブートキャンプの学習モデル

ブートキャンプの教育方法を整理すると、次のようなダイアグラムによって捉えることができます。

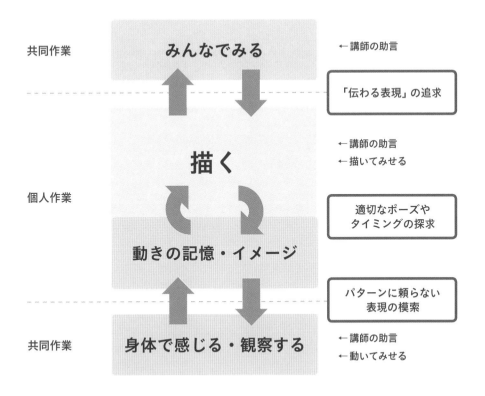

まず、指導における基点となるのは、ダイアグラムの下部にある「身体で感じる・観察する」ことです。動きを想像するだけでなく、実際に動いてみて、その身体の動く様子や身体感覚を記憶し、「動きの記憶・イメージ」を自分の中に持ってもらいます。そして自分自身の体験に基づく表現を模索することで、既存のパターンに頼らない独自の表現・演技を見つけ、明確化していくことを促します。

さらに「描く」段階においては、自分自身の「動きの記憶・イメージ」を拠りどころとして模索した上で、途中段階からはそれを「みんなでみ」ます。そのプロセスを通じて、表現が「伝わる」表現になっているかを確認するわけです。そうした「描く」行為と「みんなでみる」行為の往復を繰り返し、さらに迷いが生じ

たら「身体で感じ・観察する」ことに立ち返りつつ、少しずつ表現をブラッシュアップしていきます。

また、ダイアグラムの左側に示されているように、これら一連のプロセスは個人作業として進められるのではなく、段階ごとに個人作業と共同作業との間を往復するような形で行われる点も重要です。

講師は、このそれぞれのステップを見守りながら、適切なタイミングで学習者に対して「助言」を与えたり、描く・動くなどの行為を「実際にやってみせる」ことを通じて働きかけます。ここで講師の力量が問われるのは、描いてみせる技術だけではありません。むしろ重要なのは、学習者の描いているものを見てそのレベルを瞬時に見極め、適切なタイミングで適切な指導を行う、いわば相手を観察する力です。

2Dと3Dを分けない教育と、オンライン教育の取り組み

当初、ブートキャンプは2Dによる手描きアニメーションのみを対象としていましたが、2015年以降は3DCGアニメーションの教育にも取り組んできました。その際に目指したのは、2Dと3DCGをできるだけ「分けない」教育であり、双方に通用する「ユニバーサル（普遍的）」な基礎教育です。もちろん両者には制作工程や考え方の面で異なる部分もありますが、そうした「違い」を前提としてそれぞれに特化した教育を目指すのではなく、むしろ両者の「共通点」を基礎として教えることで、将来的に2D、3DCGのどちらでも通用するアニメーターを育てたいと考えているのです。

また、ブートキャンプでは2020年からオンラインの教育プログラム開発も進めてきました。当初はコロナ禍において、対面のワークショップをなんとかオンラインで置き換えようと、さまざまな試行錯誤をしていたのですが、最終的にはやはり「対面のワークショップをオンラインで代替することはできない」という結論に至り、その後はオンラインではワークショップは行わず、代わりに座学的な内容を「ビデオ講座」として配信したり、自習支援を目的として受講者のスキルを客観的に測定する「スキルチェッカー」というオンライン採点サービスを試みたりしています。オンラインの試みは、ワークショップという小規模な実践ではリーチできない人たちにも広くブートキャンプの教育の一端を体験していただけるので、学びの間口を広げ、アニメーションの学習者の裾野を広げることに、大きな意義があると考えています。

おわりに

これまでブートキャンプが長年にわたって持続・発展できた要因の一つとして、産業側と学術側とがお互いに補い合う形で協同できたことも大きかったと思います。ブートキャンプのもともとの問題意識は、アニメーションの産業側に身を置いてきた竹内や稲村の経験に基づくものでしたが、その経験に基づく実践の有効性を客観的に評価し、発展させていくためには学術的な方法論も必要で、そこを布山が補ってきました。また学術側からすれば、ワークショップを通じて普段はあまり表舞台に立つことの少ない、プロの現場の第一線で活躍するアニメーターや監督らと交流し、その実践知に触れることができるのは、貴重な研究機会になります。こうした「産」と「学」の相補的な関係は、ブートキャンプのさまざまな側面に見られ、結果、どちらか一方だけでは実現できない成果を生み出すことが可能になりました。

そして、こうした協同の中で改めて明らかになってきたのが、「言葉」の重要性です。アニメーションというのは基本的に非言語的な要素を多く含む表現なので、教育においてもともすれば言葉が軽視されがちです。しかし異なる立場の専門家たちが力を合わせて課題に取り組む時には、お互いに通じ合う言葉（共通言語）を持つことが、前提としてとても重要です。これまでブートキャンプの実践は、外部有識者から「指導者の育成という点からも意義がある」と評価されてきましたが、今後も発展させていくためにも、単に講師が実践を積み重ねるだけでなく、その実践をできる限り言語化・理論化していくことが重要だと思います。そしてそうした成果として、本書も生まれたわけです。

※本稿は、布山タルト著「産学官連携による人材育成ワークショップの実践事例『アニメーションブートキャンプ』の挑戦」（LOOP 映像メディア学 東京藝術大学大学院映像研究科紀要 Vol.6 p.126-140）をもとに、大幅に加筆修正したものです。

OB / OG インタビュー❶　漁野朱香　Ayaka Ryono

聞き手：布山タルト

ブートキャンプに参加した経緯

布山　漁野さんが最初にブートキャンプに参加したのは2014年で、京都で行われた1日形式のワークショップでしたね。

漁野　当時は京都造形芸術大学（現、京都芸術大学）のキャラクターデザイン学科でアニメーションを学んでいました。その授業の先生が生徒たちをごっそり連れて、「アニメーションブートキャンプというのがあるから行ってみよう」と声をかけてくださり、団体で参加しました。大学に入った時点でアニメーション業界を目指してはいましたが、目指しても問題なさそうだなと実感できたのは、ブートキャンプへ参加したからです。

布山　もともと業界を目指そうと思ったきっかけは何だったんですか？

漁野　小4から高3までずっとサッカー部だったので、絵を描くことには出遅れもあったのですが、高3の時のチームメイトのお母さんがオタクで、家に遊びに行った時に色々とアニメを見せてもらったんです。その時に、自分が今までどれだけ作品を知らなかったかを思い知らされて興味が湧き、「絵を描く勉強はしてないけど好きだしやってみたい」と感じました。急に方向転換したので周りから心配されましたが、4年間は自分の好きにしようと、捨て身で大学に入りました。

　でも実際は、アニメーションとスポーツって結構似ているなと思いました。反復練習をして自分の苦手なことを見つけ、それを直し、自分が作ったものを自分より目の肥えた人に見てもらいフィードバックをもらう。それはアニメーションでもスポーツでも、全く一緒です。これまでやってきたことと共通点があったことが、自分が学んでいく上で助けになりました。

ブートキャンプの経験と、
プロになってからの違い

布山　2015年にはブートキャンプの合宿にも参加されていますが、大変でしたか？

漁野　大変は大変でしたが、楽しい大変さでしたね。課題をやっていくうちにどんどん疑問が出てくるんですが、講師の方のおかげですぐに解決するんですよ。それが楽しくて繰り返し描くことができるという、良い循環みたいなものがありました。

布山　そうしてブートキャンプで学んだことと、その後、業界に入ってからの仕事のギャップのようなものはありましたか？

漁野　それはありました。TVシリーズなどの仕事で、例えば（動画）枚数を少なくしないといけないとか、早くあげなきゃいけないとか、表現を突き詰めることよりもシステムとして機能することが重視されていて。動きに対する興味がすごくあったとしても、なかなか1カットに時間をかけることができません。ブートキャンプの時のように、描き終わったけれども何かもっと良くできそうなところが見つかったからもう一回描き直す、という試行錯誤の時間が取れればいいのですが…。（現場を）回していかなければいかないので、

仕方ないことなんですけどね。

　私は動画を3年間経験していて、動画で一定の枚数をクリアしたら原画研修を受け、その研修をパスすると原画マンになれるという仕組みだったのですが、月に500枚描かなければならなかったとき、これはクオリティを捨てる練習だと思ってちょっと悲しくなりました。動くものを描くのが楽しいとか、自分が描いた絵が動くのが楽しいというのが原動力だったはずなんですが、動かすことの比重がどんどんなくなっていって…。その研修には、新人が将来的に固定給ではなく出来高制でも生活できるようにしていくことを踏まえて、研修期間に手の速さを限界まで鍛えようという意図があったので、仕方のない面もあるのですが。

布山　プロになってから、ブートキャンプでの経験が活かされたことは何かありますか？

漁野　すごくあると思います。例えば、動画でいうとツメタメの話なんですが、ブートキャンプの合宿でやった課題が活かされました。ある図形の形を変えずに動きだけで表現するという課題です。あの課題で、ツメの大切さを知りました。

　動画マンの時、ツメ指示が入っていなかった原画が回ってきた際に「この動きだったら多分こっちから重みがかかっていくから、こっちが詰まるんだ」と自分で考えながら描くようになって、動検（動画検査）さんから「これ詰めてくれたの？　ありがとう」と言われた経験がありました。

　ブートキャンプで教えてもらえなかったらきっと気づかないままだったでしょうし、単に教えてもらうだけでなく、実際に課題をやっているか否かでかなり変わると思うんです。知識だけで理解しているのと、「詰めてみたんだけど思ったよりも速いな」と試行錯誤した体験をしているのとでは、やっぱり違うんですよ。言葉だけで教えられたり、見本を見せてもらうだけで終わったりするよりは、わかる深度が違うというか、

身につき方が違うというか…。そういった体験が仕事をしている中にずっと散らばっているような感覚で、ブートキャンプの影響をずっと感じていました。

ブートキャンプで教えた経験を
ふりかえって

布山　2022年に初めてブートキャンプで講師として教える側に立って、どんな学びがありましたか？

漁野　単純に、教えるのは難しいなと思いました。自分が教えてもらった経験を思い出せたら生徒に説明できるのですが、自分が直面したことのない問題というのは教えられないんだと知ってうろたえたりして、ブートキャンプの講師の方のすごさを改めて感じました。私があれこれ質問しても、全部最適解がわかっていて、自分で判断できるような回答をくれて…。それに比べれば、自分がこれまで仕事で体験してきたカットや作品のバリエーションは、まだまだ少ないんだと思いました。

布山　引き出しの多さと懐の広さみたいなことでしょうね。ブートキャンプで教えた経験も、「もっと勉強したい」という動機づけになったのでしょうか。

漁野　そうですね。次に講師をやる時には、もっとスマートにわかりやすく答えてあげたいと思いました。

　私が生徒としてブートキャンプに参加した時に一番衝撃を受けたのが、稲村さんとのやり取りです。ある表現でつまずいて同じ絵をずっと直していると、稲村さんが現れて「どうしたの？　どうしたいの？」と聞かれて、「こうしたいんです」と言葉で伝えたんです。そうしたら、絵をぱらぱらと見て、「これだけ直したらいいよ」と言って一枚引き出して教えてくれて、すぐに解決しました。私が何十回も描き直したり、友達に見せたりしてもわからなかったのに、ちょっと見ただけで、どの絵が悪くて、どこをどう直せばいいかという解決策がすぐ出てきたのは衝撃的でした。それ

は、今までに体験したことのない学びの速度だったんです。

プロになってからの仕事

布山　自分が手がけた仕事で、個人的に思い入れがあるものはありますか?

漁野　うーん、まだまだこれからですね。今まで担当したカットで、納得のいくものは一つもありません。頑張った仕事としては、以前在籍していたスタジオでやった『LUPIN ZERO』(2022)です。線が少なくて、動かし方が自由な作品でした。もちろん作品に沿って合わせる必要はありますが、監督もアニメーションの動きを作ることの楽しさを理解してくださる人だったので、面白いカットを色々やらせてもらえました。描いている時に「前にやったカットより上手くできてるぞ」という実感があったという意味でも、印象に残っています。

布山　描いていて楽しい動きというのは、どんな動きですか?

漁野　私はずっとリアリティのある動きを描きたいと思っていて、実は綺麗な美少女や美青年のような、一枚でも映える絵を描くのは苦手です。例えば棒人間やシルエットだけでも、歩いたり物を持ったりするときに、「この鞄にはたぶん教科書とか入ってるんだろうな」といったところまで伝えられるようなものが描けた時に、すごく喜びを感じます。学生の時も、みんなが顔の振り向きや髪の毛のなびきを頑張って描いている間、私は鍬を持って土を掘り返すという農民の動きをなぜか一生懸命描いていました(笑)。

　物の重みだったり、その人の意思だったり、そういったものが伝わるような表現を描くことが楽しいです。最近になって、そういう表現はやっぱり画力が足りないとできないということがわかってきたので、また絵を練習してるんですけど。

布山　もともと漁野さんは、ブートキャンプの方向性にフィットする志向があったんですね。出会うべくして出会い、ブートキャンプで育った、「ブートキャンプの子ども」みたいな感じですね。

漁野　相性がよかったんだなと、自分でもすごく思います。まず絵を描く年数が全然足りてない状態から始まり、でもサッカーの経験を通じて動きを見たり分析したりする能力はある程度あって、あとはこれぐらい頑張ったら画力でもみんなに追いつける、ということに気づかせてもらえたのはかなり大きかったですね。

布山　今後どんなアニメーターになりたいですか?

漁野　先ほどお話したような、地味でも実感を与えられるような動きを描けるようになりたいですね。あとはコミュニケーション能力にもかかわってきますが、例えば監督や演出さんがカットに求めていることを取りこぼさずに表現できるようになりたいというのがあります。

　長期的な目標としては、「このカットは漁野にお願いしたい」というふうに言ってもらえるような原画マンになれたら嬉しいですね。自分が描きたいものだけじゃなくて、こうしなきゃいけないなと思ったところは柔軟に描ける、そういうアニメーターになりたいです。

後輩たちに向けてのメッセージ

布山　最後に、後輩たちに向けて、メッセージをお願いします。

漁野　是非ブートキャンプに来てほしいですね。ただ、わかっておいてほしいのは、何か教えてもらう場に参加して期待した成果を得られなかったり、思ったよりも自分が力を発揮できなかったりした時に、自分に才能がないからダメだとは思わないでほしいです。

　私はスポーツの経験をしているから思うんですが、やっぱり指導者・組織との相性って絶対あるんですよ。

最初に教えてもらった人と合わなくても、2人目とは合うかもしれない。1人目と1回目にやった時は合わなかったけど、2回目やった時にはめちゃくちゃ合ったりすることもある。だから1回や2回の体験で、自分がやりたかったことを諦めたり、自分に才能がないって思ったりしてほしくないです。

多分、私みたいなタイプの方は他にもいると思うんです。ずっとスポーツなり何なりを頑張ってきたけど、急にアニメーションに興味出てきて、だけど「絵が描けないわ〜」と言って辞めてしまう人。そういう人や、別の場で教えてもらったけどできなかったという人が来るのもいいと思います。ブートキャンプはそういう人たちを拾い上げる力がすごくあるので、初心者の方はもちろん、アニメーションから離れていたけどまた興味が出てきた、という人にも是非参加してほしいですね。

Profile
漁野朱香 (りょうの・あやか)
アニメーター。学生時代にアニメーションブートキャンプ2014京都、2015京都、2015那須合宿参加。卒業後はテレコムアニメーションフィルムの作品に参加し、2022年からスタジオポノックに所属。原画を手掛けた主な代表作に『神之塔』（2020）、『イジらないで長瀞さん』（2020）、『シェンムー』（2020）、『ブルーサーマル』（2022）、『LUPIN ZERO』（2022）、『屋根裏のラジャー』（2023）などがある。

OB / OG インタビュー❷　赤間康隆　Yasutaka Akama

聞き手：布山タルト

ブートキャンプ参加のきっかけ

布山　赤間さんはCG制作会社であるデジタルフロンティアに長く所属されていますが、お仕事としてはずっとCGアニメーターでいらっしゃるのでしょうか？

赤間　そうですね。最近の仕事ではNetflixの実写のVFX案件がわりと増えていて、あとはゲームのシネマティックス、ムービーパートなども担当しています。アニメーションだと、『サマーウォーズ』(2009)など細田守監督の作品に関わらせていただいています。

　あと実は仕事とは別に、2018年頃からずっと個人的に自主制作にも取り組んでいます。

布山　赤間さんがブートキャンプに最初に参加したのは、2016年に東京で行われた1日形式のワークショップでしたが、その影響で自主制作を始められたのでしょうか？

赤間　直接的には影響していませんが、ブートキャンプで作画のアニメーションを経験できたことによって、「アニメーションのストーリーボードなども描けそう」と自信ができたというのはありました。

布山　1日形式のワークショップのあと、合宿形式のブートキャンプにも参加されていましたね。そもそもブートキャンプへ参加しようと思ったきっかけは何だったのでしょうか？

赤間　当時、絵の練習はずっとやっていたのですが、同時に仕事の中で、アニメスタイルのCGというのがどんどん増えてきていた時期でした。3DCGの業界でも、ポーズ感やタイミングなど「アニメーション的

な表現」というのが主流になっていき、仕事でも求められるようになっていたんですね。そういう流れに対して、自分は3DCGから入った人間だったので、2Dアニメーション的な表現を勉強していかなきゃいけないというときにブートキャンプの存在を知って、参加を決めました。

布山　「2Dアニメーション的な表現」とは、例えばアクションのケレン味などのことかなと思うのですが、そういう期待からすると、日常芝居を中心としたブートキャンプのカリキュラムは、ちょっと違ったという印象はなかったですか？

赤間　いいえ、そんなことはありませんでした。自分もそういうことを直接求めていたわけではなかったですし、そもそも作画でアニメーションさせるということ自体が初めてだったので、むしろシンプルな動作の課題からできたのは、入り方としてはよかったんじゃないかと思います。普段の仕事ではあらかじめ絵コンテなどがあった上で動きを作っていくのですが、最初からカット割など自分で設計をして、映像全体として考えることも、やってみたいと思っていました。

ブートキャンプで学んだこと

布山　ブートキャンプに参加して印象に残っていることはありますか？

赤間　やっぱり講師として伝説的なアニメーターさんたちがたくさんいらっしゃったので、例えば富沢さんの『名探偵ホームズ』(1984-85)や、アメリカとの合

作で制作された『NEMO／ニモ』(1989)についてなど、そういうお話を直接お聞きできたのは、本当に印象に残っています。

あともう一つ強烈だったのが、稲村さんが合宿の日の夜に、ご自身がジブリで最初に描いた動画の現物を見せてくれたんですよね。その動画が本当に綺麗で、人が描いた線だって信じられないくらい美しい線で、本当にびっくりしました。すごいものが凝縮された何かっていう感じがして。

布山　ご自身のスキルアップという点では、具体的に何を学べたと思いますか？

赤間　自分の場合は、ある程度ディズニーの「アニメーションの12の原則※」なんかは勉強していたので、そういった基礎はわかったうえで臨みました。おそらくCGアニメーターだと最初にそこから入る人が多いと思うのですが。そうやって勉強した海外のアニメーションのセオリーが、ブートキャンプに参加することで、日本のアニメーションの文脈と一致した感覚がありました。「あ、結局はやっぱり同じなんだ」と理解することができたのはすごく大きかったですね。

具体的に言うと、例えばタイミングとスペーシングで重さが表現されるとか、そういったところです。ブートキャンプでは合宿の最初に取り組む図形の課題がありましたけど、あれは純粋にタイミングとスペーシングだけで、どういうふうに動きを表現するかというワークショップだったと思うんです。

それから、自分は紙で作画するときにどういう機材を使うのか、トレース台やタップなんかも全然知らなかったですし、中割りのコツを知れたのもよかったですね。

あとは自分でCGの仕事をする上で、まずサムネイ

ルスケッチでラフに作画してざっくり動かしてみる、といったこともできるようになったので、そういうプロセスを学べたこともすごく勉強になりました。

布山　ブートキャンプで重視される、撮影したものを「みんなでみる」という経験なんかは、どうでしたか？仕事に活かされたでしょうか。

赤間　そうですね、ああいうところでお互い作品を見せ合って意見を言い合うというのは、今の仕事でも活かされているかなぁ。…いや、でもやっぱり同僚同士で見せ合うっていうのは、あんまりないですね。本当はやったほうがいいんでしょうけど…。

布山　お互いに表現を評価し合うことは、ピクサーなんかではよくやると聞きますが、日本の現場ではあまりないのでしょうか？

赤間　昔、ピクサーのジョン・ラセターやピート・ドクターが日本に来日した際、ジブリのスタッフたちとパネルディスカッションをされたんです。そのときに面白かったのが、ピクサーの人が「私たちはお互いに見せ合ったりするけど、ジブリではそういうことはしますか？」と聞いたら「しない」と。「なぜなら、そういうことをしても宮﨑監督がNOといえばNOなんだから」と言っていて（笑）。まあジブリは特殊かもしれないですけど、海外と日本の現場では、文化的な違いはあるかもしれませんね。

「自分でもできる」という実感

布山　赤間さんは、学生時代から3DCGを学んでいたんですか？

赤間　いいえ。大学は美大に通って実写の映画を学んでいました。実験映画をテーマにしたコースだった

※アニメーターのフランク・トーマスとオーリー・ジョンストンが、往年のディズニースタジオで蓄積されてきた知見を惜しみなく書き記した『ディズニーアニメーション 生命を吹き込む魔法 ─ The Illusion of Life』(徳間書店刊)の中で紹介している、アニメーション表現の12の基本原則のこと。

のですが、自分はもうちょっと商業寄りのことに興味があったため、ギャップを感じていたのですが…。でも3DCGへの興味はその頃からありました。

布山　なるほど。それで卒業してCGの会社に就職して、キャリアを積んでこられて今にいるわけですが、長年いると次第に管理職的なポジションになって現場から離れるといったことはないのでしょうか？

赤間　実は自分はしばらく管理職をやっていたんです。でも、あるとき会社のほうで「スペシャリスト」といったようなキャリアパスができて、それはマネジメントせずに作品の制作に専念できるという役職でした。悩んだんですけど、そちらを選びました。マネジメントは、作品を作ることだけでなく人間関係を調整するような難しさなどもあるので…。

布山　ブートキャンプに参加したり、自主制作を始めたりというのは、そういう人生の転機と重なっていたんでしょうか？

赤間　そうですね。自主制作をするとなると本当に幅広く色々なことを勉強しなくてはならないのですが、ちょうどなんとなく描けるなと思い始めてきた頃にブートキャンプに参加して。そこで「自分でも作画アニメーションが作れる」という実感が湧いて、自主制作にも向かえたのが、すごくよかったですね。

学ぶことの面白さ

布山　ブートキャンプでのカリキュラムとは異なるかと思いますが、CG業界では、新人はどういうふうに学んでいくんでしょうか？

赤間　自分が最初に入った会社は、人に聞かないで自分で調べろという文化だったので、当時は紙の分厚いマニュアルを端から端まで読んだりしてましたね。その後オンラインのスクールや教材が増えてきたので、それは勉強するのに助かりました。

布山　現場で困難にぶつかったとき、それに対処するのにブートキャンプの経験が活かされることはありましたか？

赤間　やっぱりブートキャンプでみなさんが重視している、「自分で動いてみる」ということですね。迷った時に動いてみるのは、その後も重視していることの一つです。

布山　2Dの手描きと3DCGの違いについて、教育という観点からは、赤間さんはどのように考えてらっしゃいますか？

赤間　アニメーション技術ということに関して言えば、違いはほとんどないと思います。事実、アメリカの大学などの話を聞くと、アニメーション科の中で2Dと3Dを両方やるというケースが多いとも聞きますし。

　最近は3Dのアニメーターにも2D的な感覚というのがどんどん要求されてきています。例えば3Dでもデフォルメみたいなものが求められていて、シルエットを重視して、描いたラインのように見せるためだけのボーンを入れたりするんですよ。3Dだけやっていると、そういうデフォルメの感覚って、なかなか養われない。もとは2D的な感覚を3Dに反映するということなので、海外のアニメーターでも、両方できる人が増えてきているのではないでしょうか。

布山　これからアニメーション業界に入っていく人に伝えたいことはありますか？

赤間　アニメーションは今や日本を代表する文化になっているので、そういう中でアニメーションを仕事にするというのは、ラッキーなことだと思います。だからその機会を活かして、ブートキャンプのような教材も取り入れつつ、新しいことにどんどん挑戦してほしいなと思いますね。

　あと、自分が若かった頃は、「社会に出たら勉強は終わり」みたいな感じがしていたんですけど、今って技術もどんどん進化していくので、それに対応しなくちゃいけないという面もありますし、勉強できるチャンスがすごく拡がったと思うんです。決して、社会に

出たら勉強はおしまいってことじゃない。勉強って、色々なことができるようになるっていう、本当に面白いことだと思うんですよ。何でも興味があったら、勉強することを楽しんで、頑張ってほしいですね。

布山 3DCGでは、モデリング一つとっても、対象について細かく調べなくてはいけないし、作ることを通じてさまざまなことを知り、世界を理解していくという面がありますよね。そういった学んでいくことの楽しさがあるから、制作のプロセス自体に価値があるんですね。

　ちなみに、赤間さんの自主制作はいつくらいに完成予定ですか？

赤間 以前は決めていたんですけど、その通りには終わらないってことがわかったので…。全部やったことのないことを勉強しなくてはならないので、全く予想がつかないんですよね。だからもう完成予定日は決めないことにしました（笑）。

Profile
赤間康隆（あかま・やすたか）
東京造形大学卒業。アニメーション業界を経て、株式会社デジタル・フロンティアにてアニメーターとして従事。主な参加作品に『サマーウォーズ』（2009）、『バイオハザード ダムネーション』（2012）、『GANTZ:O』（2016）、『Infini-T Force』（2017）、『いぬやしき』（2018）、『竜とそばかすの姫』（2021）、『幽☆遊☆白書』（実写版、2023）などがある。他ゲーム作品の『鉄拳7』（2015、カットシーン）、『Final Fantasy XVI』（2023、カットシーン、スマッシュブラザーズ参戦ムービー）やNHKスペシャル『人類誕生』に参加。

シンポジウム

アニメーションブートキャンプ 10年の歩み

井上俊之 / 小森よしひろ / りょーちも / 漁野朱香 / 竹内孝次

聞き手：布山タルト

※本原稿は、2023年3月12日に行われた東京アニメアワードフェスティバル2023でのシンポジウム「アニメーションブートキャンプ 10年の歩み」における内容をもとに加筆修正を行い掲載しております。

10年の活動をふりかえって

布山　まずはみなさんから、10年間のブートキャンプをふりかえっての感想を伺いたいと思います。はじめに、ブートキャンプにはまだ参加されたことのない、井上さんから見ていかがでしたか？

井上　そうですね。最初にブートキャンプの内容を聞いた時には、数日間で何かを習得するのは到底不可能じゃないか、「ブートキャンプごっこ」にしかならないんじゃないかと想像していたんですが、今日、初めて内容を詳しく伺って、僕の想像を超えるような良い体験の場になっているんだなと思いました。

　アニメーターというのは絵を描く仕事ではありますが、実際に現場にいて思うのは、絵を動かすことに対する才能・能力がやはり一番大事だということです。もちろん絵を描くこと自体の能力も必要なんですが、どうもそこ（絵を描くこと）を入口にしすぎる傾向がある。アニメ的な絵が好きだから業界に入ってきたものの、実際にそれを動かすことに対する興味がなかったり、才能が乏しかったりということで、苦しんでいる人をたくさん見てきました。でも絵を描く能力と動かす能力って、似ているようでいて実は別物で、全く比例関係にないんですね。

　アニメーションの仕事をする上で根本的な能力である、動きを描く能力、動かすことに対する興味、そ

れを通じて仕事をすることの喜びなどを最初に確認しておくことはとても大事だと思うので、ブートキャンプはそういう部分を自覚できる良い場なんじゃないかなと思いました。

竹内　僕が会社の社長だったとき、まず最初は動画を求めたんですよ。動画というのは、技術なんですよね。だからパターンを覚えさせるというのを一生懸命やったわけです。その時、すでにデジタル化が進んでいましたが、そうするとパターンを覚えさせるのは効率が悪すぎるってわかっちゃった。一つのパターンを覚えて、それを応用できる頭の働く人ならいいけど、そうでない人はそのパターンに執着するから、どうしようもないんです。

　もう一つはデジタル化の流れがあって、時代でツールがどんどん変わっていき、アニメーションで求められるものも変わっていく。その時に、自分で考える頭がない人は、前のことに執着してしまうので、どんどん時代遅れになってしまいます。

　そういうことで、ブートキャンプを始めるときには、もっと根本のところに戻ったんです。井上さんが仰ったように、動かすということに興味がない人はやっぱりダメで、もしかするとこれからは絵が得意じゃなくても、動かすということに興味があれば、ツールが補助をして助けてくれる時代が来るんじゃないかとも思っています。

東京アニメアワードフェスティバル2023のシンポジウムにて（写真左から、布山、井上氏、りょーちも氏、小森氏、漁野氏、竹内）　撮影：正慶真弓

りょーちも　ブートキャンプには、自分の認知をさらに深めていく、指標として参考になるアイデアがいっぱい詰まっているんですよね。それって教えているこっち側も目から鱗なんです。

　例えば受講生が「動きがわからない」と言っている時に、何がわからないのかとか、何に気づけないのかってところが、教える側の勉強になっていて。みんながハマるパターンみたいなのが見えてくるんですが、これは教える側にとってもすごい成長につながるんです。

小森　僕は10年のうち後半のブートキャンプから3DCGの講師として参加させていただいていて、今回改めて初期からの課題を初めて見たわけですが、見ていてやっぱり「すごい面白そうだな！」というのが、単純に作っている者としての感想でした。

　3DCGだとどうしてもソフトが先行する必要があっ

て、ソフトのオペレーションを覚えるところから入る方が多いんですね。ソフトを使えないとアニメーションが作れないので当たり前なんですけど。ただ、専門学校などではソフトを覚えるということに特化してしまっている授業が多い印象があるので、僕は本当にブートキャンプを学校でどんどん取り入れてやってほしいなとすごく思いました。

　3日間集中して取り組むだけでも、自分の中で持っている部分がだいぶ変わってくるということに、本人が気づけるぐらいのところがあるので、「例えばこれを大学や専門学校で1年2年経験したらどうなっちゃうんだろう」という可能性を感じます。ソフトの使い方ももちろん必要なんですけど、どうやって動かそかということを本人に思ってもらわないと、やっぱりお仕事としてアニメーションをつけていくっていうのは難しいので。

アニメーションブートキャンプ名古屋
2022にて（小森氏）

漁野　私は京都の芸術大学にいたときに、初めてブートキャンプを体験しました。2年生の時に1日形式のものに参加したのが最初です。大学に入るまでほとんど絵を描いてこなかったので、動かすことに興味があるけど画力がほぼゼロ、みたいな状況でした。周りの友達は幼稚園から絵を描いていて、とても上手い人ばかりで。自分がアニメーターを目指しても大丈夫なんだろうかという不安を常に持っている状態で、そんな時にブートキャンプに参加したんです。

　先ほど、動かすことへの興味と、絵の上手さが比例しないといったお話がありましたけど、私の場合は動きに興味があるっていうことをブートキャンプで評価してもらえて、それで自分が絵を描けないことを悲観しすぎずに、動きを伸ばしつつ必要に応じて練習を増やしていけばいいんじゃないか、みたいなことに気づけたのは自分の中ではすごく大きかったです。

井上　僕はアニメーションを始めて四十数年経ちますが、業界に入った頃は、まさに竹内さんが最初に仰ったような、パターンを覚えて対応するという形でした。そもそも業界に教育という概念すらない時代だったので、見よう見まねでパターンを覚えて仕事を始めることが全てだったんですね。当時のTVアニメは本来的な意味でのアニメーションになっていないようなものがほとんどで。動きを描く能力があまり求められないというか、絵さえ描ければなんとかなるという時代でした。1970年代、80年代初頭くらいのTVアニメを想像してもらえるとわかると思うんですが、あまり動かないですよね。動いてもたいてい破綻しているものが大半だった時代に、私は業界に入りました。

　でも、初めて参加した劇場作品の『AKIRA』（1988）では、動きを描く能力を求められたような感覚があって、TVアニメでは経験したことのない難しいカットや動きを要求されました。それは初めて自分の中にアニメーションの能力があるかどうかを問われるような場でした。幸い僕は、能力がどうもあるらしいということに、制作の1年を通して自覚できましたけど、そうでなく何ができないのかわからないまま『AKIRA』の制作を終えた人もいるだろうと思います。僕はそんなふうにアニメーションにとって大事なことに、その時ようやく気づくことができた人間なので、本当にブートキャンプに学生時代に参加したかった。そういうことを確認してから、アニメーションにとって一番何が必要なのかということを自覚的にやれれば、初めの数年を棒にふらずに済んだかもしれません。

ただ、アニメーターとしての能力がどうやらあるらしいというのを自覚しながら業界に入って来ても、なかなか難しいのが日本のアニメーション現場です。というのも、アニメーションと言いながらやっぱり動くイラストのようなものが大半であって。それ自体は悪いことだとは言いたくないですが、結局のところ動きを描くことがあまり求められない作品が今も大半で、そういう矛盾もあるのが日本の特殊な状況なんです。世界に目を向けるとまた違うんですけど、日本はやっぱりかなり特殊なので、果たしてブートキャンプのような場が今後増えていったとしても、逆にやりたいことができない、日本の商業アニメーションの海に飛び込んで苦しむ人たちが発生するのかな…みたいなジレンマもあって、それは悩ましいところです。

10年間のアニメ業界の変化

布山 ブートキャンプが始まってから10年になりますが、その間のアニメ業界においてどういう変化があったのかについて、それぞれの経験を踏まえてお話を伺えますか。

竹内 アニメ制作のデジタル化は20年以上前から始まっていましたが、音、編集、というふうに、下流工程から次第に変わっていったんです。僕が社長だったテレコムという会社では、彩色をデジタル化したのが1990年半ばくらいで、これは日本で一番早く、他はどこもやっていなかった。背景をデジタルにしたのは2000年くらいです。

だいたい日本の業界全体の変化は、それより10年くらい後なんですよ。それで2010年くらいに、色は全部デジタルでつけるようになったし、背景もほとんどデジタルで描くようになった。ただ、動画などはまだまだ手描きで。その時に海外はどうかというと、すでにデジタル化がかなり進んでいたんですね。作画だけではなくて、3DCGの方はもうピクサーなんかが

出てきて、アニメーション産業的には3DCGで食えるということになっていたわけです。そういう変化に対して、日本だけが完全にすぽっと抜けている状況でした。2010年以降のこの10年間で、やっと日本のデジタル化が作画の方まで追いついて、原画もデジタルになってきました。コロナの影響もありましたね。

井上 そうですね。原画の工程でデジタルに移行していったのはここ数年のことで、急速に進んできています。僕は今でも紙で描きますが、どこの現場に行っても少数派になりつつある。

竹内 デジタル化がいいかどうかという単純な議論はあるんだけど、でも世界に目を向ければ2010年の時点でヨーロッパやアメリカはデジタルで描くことに全く抵抗がなかった。学校でもデジタルで描くことを普通にやっていたんですよ。その中で日本だけが特殊でした。特殊であることによって損をしている部分もたくさんあるというのが、僕の考えです。

布山 今の話は2Dの手描きのデジタル化の話でしたが、3DCGにおけるこの10年というのは、小森さんから見てどんな変化でしたか？

小森 『トイ・ストーリー』(1996) が登場してからというもの、やっぱり僕らも同じような表現でアニメーションを作りたいということを、ずっと会社のスタッフと話してたんですけど、ピクサーの場合はアニメーションを作るためのソフトウェアの開発からやっていましたからね。僕らは開発も含めてアニメーションのツールを作ることや、長編のアニメーションを作れるだけのスタッフがまだ育ってなかった実情もあって、20年くらいかけて自分たちでスキルを上げてきて、ようやく作れる状態になってきたようなところがありまして。

特に3DCGの場合、アニメーターがまだ日本にほとんどいなくて、2Dのアニメーターばかりだったんです。アニメーションで動かすということについて、CMや短編などで短い動きしかやったことのないスタ

ッフたちがどうやっていくのかということを、自分たちなりに技術を蓄えてきました。動かせる人を増やすために教えていって、それをちゃんと仕事として成り立つレベルまで仕立て上げるということを、ずっと繰り返してやってきた記憶があります。

　自分が監督した『GAMBA　ガンバと仲間たち』（2015）では、これで作っていけるというふうになんとか技術が蓄えられてきた感覚を得たのが2007年くらいで、作品の完成まではそこから8年かかりましたので、やっぱりこの感覚を掴むっていうのはすごく時間がかかることなんだなと体感しました。

井上　海外であればCGを使ってキャラクターアニメーションを作るというのが90年代にあったにもかかわらず、日本で本当にアニメーションと呼べる作品が出始めたのは、やっぱりここ10年くらいでやっとですかね。まあ遅れているわけです。だから先ほどの「動かす能力」に関して言うと、このブートキャンプのような場があって、動かす能力がどうやらあるらしいと気づいた時に、あまり絵が得意でない人にとって3DCGアニメーションっていうのは能力を活かせる場であるはずなので、今後はピクサーのようなアニメーションを作るには、動きを作り出して表現していくと

いう才能を持った人をいち早く見つけて、絵が得意でなければ3DCGでやるということがとても有効だと思います。動かす能力がある人が、今後より多く3DCGアニメーション業界に流れていくきっかけとして、ブートキャンプのようなものが有効に機能するんじゃないかな。

りょーちも　井上さんが仰っている「才能がある人」というワードは、わりと自分もそう思っている面があって、能力がある人だからできるみたいなところがあるように感じるんですけど、実は本人が気づいてないだけっていう可能性も結構あるんです。井上さんも『AKIRA』をやった時に気がついたっていうように、本人がやる前に知らないだけかもしれないんですよ。それがやってみたら「おもしろいじゃん！」って気づける場が少ないだけっていう可能性もあるんですね。だから気づきの場がどれだけあるかというのは実は大事なことで。分母の数がそれだけ増えていくので、その場が必要なんだなというのはすごく感じます。

布山　「才能とは何か」というのは色々な考え方がありうると思いますが、例えば「才能とは好きであり続けられること」だという見方があって、その前提として「動かすことが自分は好きだ」と気づくきっかけの

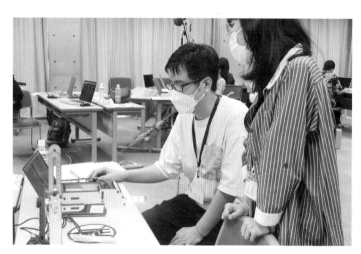

アニメーションブートキャンプ名古屋2022にて（りょーちも氏）

場としてブートキャンプがあるのかもしれませんね。

　その時、参加者だけじゃなく講師の方々が本気でその場に関わっていることも重要で。実はブートキャンプでは参加者が足りなくて、講師の方が1カット担当しなくてはならなくなることもあったんですが、そうすると学生のすぐ横で講師の方が描いているような状況も生まれたりするんです。文字通り机を並べて学ぶという形で、先ほど井上さんが『AKIRA』の現場が自分にとっては学びの場であったと仰っていましたが、それはある意味ではブートキャンプ的な状況だったと言えるのかもしれません。そうするとブートキャンプというのは、短期間ではありますが、そういう理想的な現場のOJT的な学びを、ワークショップという形式で実現している面もあるように思います。

アニメ業界の人材育成

布山　現場の人材育成という面では、この10年の変化というのはどうだったんでしょうか。この事業が始まる10年前には「OJTの空洞化」が問題としてあり、その解決策として、現在に続く文化庁のアニメ関連の人材育成事業の一つの目的に繋がっていったと思うんですが、そういった現場で仕事をしながら学ぶという状況が、この10年でどうなってきているのか、今も10年前と同じ状況なのか、あるいは変化しつつあるのか、そのあたりはどうでしょう？

井上　僕は「あにめのたね」の前進である「アニメミライ」の立ち上げにも立ち会っていて、まさにその頃、人材不足が叫ばれているわりには会社として教育のようなことはほとんどやられてなくて、それこそ僕が業界に入った四十数年前のような状況がそのまずっと続いていました。現場で教えるってことはほぼ皆無だったんですよね。そもそも「教える」っていう文化がないという、そういう感じです。見よう見まねで学ぶ職人の世界っていう感じですかね。先輩の

やっていることを見て盗んで覚えていく。竹内さんが仰ったような歩き方のあるパターン、炎が燃えるとなったらどのように描くか、パターンを覚えるっていうことが全てだったので。そういう状態が、僕が業界に入った頃からずっと続いていた。

　それが10年くらい前にアニメミライも始まって、文化庁さんの支援も受けて、現場で教育することを考えるようになった。だからそこからですよね。教育しなければいけないという文化を育ててきた10年という感じ。他にもこの数年で働き方改革が進んで健全化してきたことなど、さまざまな変化がありました。

　数年くらい前からは、いろんな会社で教育する仕組みのようなものができ始めています。日本人のよくないところですけど、本当に大転換が苦手で、長い過渡期を経て、やっと形になってきたという感じがここ数年はありますね。そういう意味では、ようやく実を結び始めているのかなと、現場で実感します。

竹内　僕はもう現場を離れてしまっていますが、外から見ていると、人を育てようという雰囲気と気概は会社に出てきていると感じています。例えば漁野さんの所属するスタジオポノックも人を育てようとしているし、アイジー（Production I.G）やウィット（WIT STUDIO）にしたって、3DCGでも小森さんの所属する白組もそうですし。そういう会社がたくさん出てきていると思います。ただちょっと心配なのは、2Dの方では特に紙に固執している人たちがいて、そこではやっぱりトレース線だとか動きのパターンの技術習得、「動画をまずやれ」という話が最初にあるようなんだけど。

井上　ここ数年ですかね、海外の方が日本のアニメーション業界に参戦してくれるようになってきている。先駆けとしては、BAHI JDくんというオーストリア人がいて。それから数年でヨーロッパ、アメリカ、アジア問わず、日本のアニメーションのスタイルが好きで、日本のアニメーションの仕事をしたくて飛び込んで…

というか、オンラインで仕事する人たちが急速に増えてきて。

　その中で問題になっているのは、彼らは日本の動画の経験がないわけです。日本のアニメーションには特殊な部分があって、産業としてあまりにも発達している。絵コンテがあって、原画の次は動画。動画の後に仕上げ、そして撮影（コンポジット）という流れがある。原画の工程は、後工程のことを理解した上でいろんな指示・指定をしていかないといけないんですが、動画の経験がないと配慮の全くないものになってしまうわけです。それで原画の上がりをチェックする演出家や作画監督たちが悲鳴をあげている状況がある。

　実際の動画の仕事というのは、クリーンアップして間に絵を補完していく作業なので、アニメーターの能力開発にはあまり役に立たないんですが、産業としてのアニメーションを考えた時には、やはり動画をやることによって後工程へのルール、マナー、技術を学べていた。でも今はそういう作法を知らない原画マンたちが軋轢を起こしている。これはここ数年のことで、海外勢だけが問題ということではなくて、日本国内でも動画を経験していない人たちが出てきています。

りょーちも　自分たちの世代に「Web系」と呼ばれる人たちがいるんですが、自分もその走りではあるんですね。動画経験がない中でいきなり原画に上がってきてアニメをするという、今までのお作法、セオリーを知らない人たちが一気に業界に入ってきたんです。その時に何が起きたかというと、動きに関しては独特の面白い表現が出てくるようになったけど、線はガタガタで、動画はパカパカで、色はグチャグチャで、何これ？　っていうようなアニメーションがいっぱい増えたんですよ。それは昔からアニメを作っている人たちからしたら、全然仕事ができてない、ふざけんじゃないっていうような状況でした。

井上　彼らはとても才能があったせいで、それに対

するやっかみも含んでいたんだろうと思う。

りょーちも　従来の徹底して動画から教える仕組みからは、普通に作法を学べたんですよ。で、その作法の上で表現をしなさいっていう大事なプロセスだったんです。ですが、一方でそのプロセスが新人を阻むという面もありました。

　それが今、海外の人たちが入ってきて、言語すら通じないとなった時に、どのようにそのプロセスをちゃんと教えられるかという問題が出てきている。自分たちの世代はそういう問題の先駆けでした。

　だから、どんどん時代と共に作り方が変わり、表現方法も変わり、関わってくる人も変わってきている状況の中で、旧来のアニメーションの作り方をどう変えていかないといけないのかということは、本当にいろんなところで問われている。みんなその議題について、どうしましょうって話している状態ですね。

今後の10年に向けて必要な「基礎」とは？

布山　ここまでは10年間を振り返る話でしたが、今後の10年についてはどうでしょうか。例えば、2Dと3Dの垣根がどんどんなくなっていくような状況もあったりする中で、果たしてこれからのアニメーション教育における「基礎」とは何か。基礎教育として何を教えるべきか、ということについて、皆さんのご意見をお聞かせください。

井上　基礎についても、やっぱり絵を動かす…いや、絵に限らず物や人形によるアニメーションも最近盛んになってますし、CGアニメーションもあるので、絵でなくてもいいんですけど、物体や絵を動かすことによって、情感みたいなものを表現できるっていうことを、まず初期に認識、自覚させる。あとはそれをうまくコントロールして、絵の配置とか、緩急をどういうふうにつければどう見えるかというのを徹底的に最初に教えておく。それを体得できれば、以降は進む道

によって、絵の能力が必要であればデッサン力を磨いたり、CGに進むのであればそのソフトの習熟に努めたり、というふうに進めていけばいいと思います。

　海外であればCGアニメーションでもすごく絵の上手い人がいっぱいいますけど、CGやりながら絵を鍛えることも全然ありだと思う。両方できればさらに自分の仕事の選択の幅も広がるわけだから。でも、まずはアニメーションで基本的に要求される動かす能力、それに喜びを見出せるかどうかということを初期の段階で見極めて、あるならばそれを鍛えていくということが、大事なことだと思います。今後アニメーションがどんな形態になっても、紙がなくなったとしても、デジタル化が進んでも、アニメーションである限り、そこだけはこれからもそんなに変わらないと思います。

りょーちも　根本的に何が大事かというのが、常に変化している状態なので、基礎の概念も今、だいぶ問われてるんですよ。自分はちょっとズレてまして、大事なのはどれぐらいリビドーを持っているか、それを「やりてえっ！」て思うかっていうところなんじゃないかと思っています。

　自分は今までプロダクションに入ってずっとやっていたんですけど、ここ最近はプロダクションに属さずに好きにやるっていう状況から何か作れないかなというのを、トライしながら挑戦している最中なんですね。その時に、実は一番先を走っていたのが個人作家や、

少人数のクリエイティブチームなんかじゃないかっていうところがあって。

　じゃあ、あの人たちはその技術をどこで手に入れたのかというと、「野生」なんですよね。ネットで資料を集め、Blenderをダウンロードし、そこで動かしてみたらこういうことができるってわかってきたら、映像にトライしてみたり。アニメーションを作れるようになるために技術をつける、っていう発想じゃないように感じるんですよ。まずは「映像を作りてえっ」という衝動があって、そのために何ができるかというところを探っていき、手に入った技術からどんどん取り入れているような。自分の中でこうしてみたいという、でっかいモチベーションがまずあって、そのために徹底して細かいことを学ぶ…というような流れですね。そうするとこれまでのような、小さいことから積み上げていくという基礎の考え方でなく、「貪欲に何かしたいっていう気持ちこそが基礎です」っていうふうにした方がいいんじゃないかな。

　それでいうと、3Dを学ぶのも、2Dを学ぶのも、アニメーションの動きを学ぶ、表現を観察するっていうのも、表現したいというもともとのモチベーションを実現するために体得するそれぞれのスキルなので、発想としてはまず、あなたは何を表現したいんですかという問いが一番の要になる。基礎としてそういう根幹があれば、自分の作りたいという気持ちを失わないまま、色々作っていけるんじゃないかなと思っています。

布山　今仰っていた、作りたいこと・表現したいことって、自分の中にもともと何かがないといけないんじゃないかって誤解されてしまう可能性もあるんですが、実はそうではなくて、観察を通じて表現したいことが生まれるとか、自分の外からくる部分もきっとありますよね。ブートキャンプでは、「観察」を「枯れない井戸」のためだと言っていますが。

りょーちも　そうですね、それはあります。今は作って発信するというのが当たり前になってきていて、ソ

撮影：正慶真弓

フトもタダで手に入るし、表現方法もネットで調べた
らすぐ手に入るというような時代ですよね。そんなと
きに、「なんで作るの？」とか「なぜ出さないといけ
ないの？」というのが問われるようになってるわけで
すけど、そこはシンプルに「出したいからだ」でもい
いし、「出せと言われてるからだ」でもいい。とにか
く何か理由があって、出せる状態になれる何かを手に
入れてしまえばいいんじゃないかな。

布山　ブートキャンプの話で言えば、僕はとても印象
的な言葉がありまして、ある受講生が合宿の最終日、
終わった時に「まだまだやれる、やりたい」と言って
たんですよ。もっともっとやれるって。要は作品が完
成して終わりなのではなくて、もっとよくできるって
いう、そういう欲望を抱いて帰っていった。ああ成功
だったんだと、僕はその時すごく思いました。もっと
もっとやりたい、表現したいってことがブートキャン
プの経験を通じて生まれている。課題で作った表現

を他の人に見てもらって、フィードバックを得てより
良くなる、という小さな経験の積み重ねで、もっと表
現していきたいという欲望が生まれるという面がある
のかなと思っています。

りょーちも　人に見てもらうってのは、チェックして
もらう、監査してもらうじゃないんですよね。とにか
く見てほしくて、「これどう？」「こうしてみたらどう？」
って、どんどん「出したい」っていう気持ちにシフト
していくわけです。そうするとやっぱり自分だけで作
って完結するんじゃないっていうところに気づく。ブ
ートキャンプがそういうことに繋がるんだろうなとは
確かに感じます。

小森　基礎ということを考えた時に、僕自身は「やり
たい」って気持ちはりょーちもさんが仰ったようにも
ちろん大切だと思うんですが、会社に所属している身
としては、アニメーションは好きだけれども自分の個
人的な表現を作りたいっていうスタッフばかりではな

かったりします。職業としてアニメーターやってます
っていう人も結構たくさんいるので、そういう人たち
を含めてどうやって基礎力を上げてあげるか。

　まずはその人が持っている感覚があるわけですけ
ど、その感覚に対して「こういう視点でアプローチし
ていったらその感覚をアニメーションとして表現でき
る」というような視点を持たせてあげられるかどうか
が、基礎の根本のところとしてすごく重要だと思いま
す。ただ、そういう視点は簡単に持てるものではない
ので、会社では組織的にその人がアニメーションとい
う作業が面白いと思ってくれる機会をできるだけ作っ
てあげられるよう色々と工夫をしています。

　あともう一つ、基礎力として重要だなと思うのは、
「手法が一つではない」ということを自分自身で気づ
けるかということがあると思います。今はソフトもど
んどん進化していますし、アナログなのかデジタルな
のかって話もありますけど、これからはデジタル技術
の発展とともにさらに手法はどんどん増えてくると思
うんですよ。例えば自分の持っている技術が手で描く
というところが主軸だった時に、アプローチの仕方と
して手じゃ描けないものもあるかもしれないし、手で
描かない（ソフトウェアの力を借りる）からこそ表現
できるものもあるかもしれない。自分の中で主軸とな
る技術を持ちながらも、表現手法については自在に切
り替えていける力を身につけていけるかどうかが、こ
れからの時代は特に重要になってくると思います。

布山　手法が一つではないと気づくためには、いろん
な技法に対するある種の好奇心みたいなものが必要
ということでしょうか？

小森　好奇心というよりも、簡単にいうと「工夫」で
すね。このソフトであれば同じことをやるのでも半分
で済むとか、このソフトを通してこうしてやると綺麗
に見えるようになるとか、それはある感覚の上に乗っ
かってると思うんですけど。でもそれはAIも同じな
わけです。作ったものが作品の肝となる表現として、

見ている人にもちゃんと伝えられるかということを自
分で判断できる目を持つ。そしてその視点とセットで、
今回はAIを使ってみようとか、他の技術を使おうと
か、伝えるためのいろんな手段を常に工夫しながら模
索していって、時代時代に合わせて進化していかなき
ゃいけないなという気がしています。

漁野　私は最初、紙でやりたいと思っていたんです
けど、今はBlenderを勉強したり、作画はTV Paint
でやったりしています。なぜそうなったかと言うと、
技術はその都度練習すればいいし、その都度極めた
いことを絞ればいいって気づけたからだと思ってい
ます。

　鉛筆でパラパラと描いていくのは格好いいし私は
好きだからやりたいなと思っていたんですが、同じ大
学のCGゼミの子たちがブートキャンプに一緒に参加
していて、その子たちが普段は3DCGでもブートキ
ャンプで手描きでやっているのを見たときに、「表現
としては同じことなんだ」「出力方法が違うだけで、
やりたいことがあって、表現しているっていうこと自
体は変わらないんだ」とふわっと思ったのが、きっか
けになったと思います。そこからパペットアニメーシ
ョンをやっている友達とよく話すようになったり、
CGの授業も取ったりというのができたので、そうい
う（広げるための）機会としてブートキャンプがあっ
たんだと思いました。

　自分が基礎だと思っていることは、学生時代はそれ
が本当に基礎かどうかわからないままやってると思う
し、先生から教えてもらったことが基礎だって思うか
もしれないんですけど、それが変わってもいいし、実
際学んでいく上で譲れないと思えば別に置いておけ
ばいい。でもとにかく柔軟性を持ってやれるほうがい
いのではと思っています。

布山　ブートキャンプでは2Dと3Dを同じ教室で教
えるのが一つの特徴ではあるんですが、効率っていう
意味ではむしろ分けて教えた方がスムーズになる面

もあって、今後どうするか、ちょうど議論になっているんです。でも、同じ部屋でやっていることによって、2Dの側が「3Dってこうなんだ」とか「同じなんだ」とか、そこでちょっとした扉が開くような機会を与えるという意味で、一つの大きな意味はあるのかなということを、今の話を伺っていて思いました。

竹内　基礎教育って、大きい話になるとやっぱりデッサン力とかが必要になるわけだから、それは学校で従来通りにやればいいと思うんですよ。ただ普通の学校でやる時に、やっぱり目標を見せてあげることが僕は必要だと思っているんです。それがないと絵を描く気にならないからね。アニメーションが好きだ、好きかもしれないと思う人たちに対して、やっぱり動かすことに興味を持たせるような教育をしてやってほしいというか、そういうものを見せてあげてほしい。

その時に、例えば最初から宮﨑　駿が作るような映画を作れって言ったらね、これはバカではない限りは諦めるんですよ。いや、ものが見えてない人は頑張るって言うと思うんだけど、少しものが見えてる人は、無理だというふうになります。だからその時に、「お前これぐらいならできるだろう」っていう、乗り越えられるハードルが必要なんですよ。何が何でも高いものを見せるというのは、僕は間違いだと思ってるんです。

もう一つは産業側の問題があって、アニメーションは低賃金って話がよく出てくるんだけども、それは生産性の問題であって、個人の生産性を上げれば個人の収入は上がるわけなので、生産性を上げる方法を日本の産業は考えなきゃいけないと思ってるわけ。その時に一つあるのは、全部の絵を自分で描くだけじゃなく、例えばカットアウト手法などをもっと取り入れるべきだと思ってるんですよ。日本はカットアウトという手法をバカにしているけれども、フランスはカットアウトでTVシリーズを作っています。以前に話を聞いたフランス人は、「僕は本当は絵を描きたい、だ

けどこのカットアウトでやったら生産性が6倍に上がった。だから僕は土日休んでもこれでちゃんと高収入を得られるから僕はアニメーションを続けていられる」と言っていました。

なおかつAIという話になると、ChatGPTが文章を作る時代になった中で、日本でいう「動画」はもうAIに移行すると思っています。ということは、プロのアニメーターはもっとポージングを探求しなければいけない。動きをちゃんと生み出せるような能力を持つ必要がある。だからやっぱり基礎能力が大切だということになるわけです。

例えばうちの会社で美術をデジタル化した後で、他のところも美術をデジタル化しましょうってなったら、コピペが流行ったの。いろんな木とか家とかをコピーして、ペタペタペタって貼り付けて、それらしくレイアウトの上に並べるっていう。ところが、絵として完成しているかどうかの判断ができない、つまり基礎能力のない人がやると、とんでもない絵になってしまう。前の木が小さかったり、空気遠近感がめちゃくちゃだったりして、成立しない絵になっちゃう。だから美術をデジタル化したことによって逆に、本当に絵を見る能力、創る能力があるか問われることになったんです。そういう意味でいくとやっぱり元に戻って、絵を見る能力とか描く能力とか、その見たものを判断できる力を基礎能力として養わないといけないと思います。

布山　今日の議論では、一つの着地点として全員の合意形成をするということではなく、何かしら皆さんの問題発見、問題解決に結びつくことができればと思っていました。

ただ基礎教育というのは、みんながそれぞれの問題をバラバラに考えているだけの状況はよくないとも僕は思っていて、バラバラの状態であっても共通する土台の部分──「基礎」という言葉自体、土台という意味があるわけですけれども、そういうことを時に

寄り集まって考えることが、今後ますます重要になると思います。日々、色々な情報技術が変わっていく中で、それに振り回されずに足元を見るということ。先を見てばかりいるのではなく、足元を見つめるということ。

あと「基礎」というと、しっかりした堅いものだというふうに思われがちですが、僕のイメージではむしろ耕されてふわふわの土壌といいますか、そこからどんどんいろんなものが芽吹いてくるような、そういうような場であることが必要だと思っています。ブートキャンプもこれまでの10年間で本当にどんどん変わってきている部分があるんです。基礎の部分は変わらないんだけど、それが耕されてきた。そういうような場だと改めて思いましたし、ある意味ではブートキャンプ自体が自己発展、自己開発してきたのだなというふうに思っています。

Profile

井上俊之（いのうえ・としゆき）
1961年生まれ。日本を代表するトップアニメーター。スタジオジュニオ、フリーランスを経て、現在はスタジオジブリに所属。主な代表作に『AKIRA』（1988）、『魔女の宅急便』（1989）、『GHOST IN THE SHELL / 攻殻機動隊』（1995）、『千年女優』（2001）、『電脳コイル』（2007）、『おおかみこどもの雨と雪』（2012）、『有頂天家族』（2013）、『さよならの朝に約束の花をかざろう』（2018）、『シン・エヴァンゲリオン劇場版』（2021）、『地球外少年少女』（2022）、『鹿の王』（2022）、『君たちはどう生きるか』（2023）などがある。雑誌Newtypeにて「井上俊之の作画遊蕩」を連載中。

小森よしひろ（こもり・よしひろ）
白組所属。ディレクター／アニメーションディレクター。映画、コマーシャル、アニメーション作品、ゲームシネマティクスにおいて、監督、アニメーション監督、VFX・CGにおけるスーパーバイズまで幅広く手掛ける。主な代表作は『GAMBA ガンバと仲間たち』（2015、監督）、ディズニープラス配信『ドラマヂロ』（2020、アニメーション監督・VFX）、ポケモンユナイト オープニングシネマティクス（2021、監督）、キューピー３分クッキング（2022、Opening&Endingアニメーション）、シカポケ『マルジャナイ島のシカクなポケモン!?』全5話（2023、監督）など。受賞歴にVFX-JAPAN アワード2016（劇場公開アニメーション映画部門 優秀賞）、2019・2020・2023（ゲーム映像部門 優秀賞）、2022（TV・配信番組アニメCG部門 優秀賞）、The One Show 2023 MERIT Award受賞などがある。

りょーちも
アニメーター・キャラクターデザイナー・アニメーション監督・CGディレクター。ゲーム会社勤務を経て、『BECK』（2004）で原画としてデビュー。キャラクターデザインや総作画監督を務めたのちに『夜桜四重奏 -ホシノウミ-』（2010）で監督を務める。さらに数多くの3D作品やハイブリッド作品に演出などで携わり、2D3Dの垣根を越えてデジタル技術を積極的に取り入れる制作スタイルのクリエイター。主な代表作は『鉄腕バーディー DECODE』シリーズ（2008・2009）、『夜桜四重奏』シリーズ（2010・2013）、『夜の国』（2021）など。著書に『Blender グリースペンシル イラストテクニック 3D空間にイラストを描く！』（技術評論社刊）がある。

漁野朱香（りょうの・あやか）
→p.149掲載

国際的な視点でアニメーション教育を考える

セドリック・エロール ／ 竹内孝次 ／ 稲村武志 ／ 布山タルト

表現者の教育

竹内　現在の日本の職業教育としてのアニメーション教育と、ブートキャンプで大きく違っているところは、ブートキャンプでは参加者のことを「表現者」として扱っているところだと思います。日本の場合、いわゆる専門学校や会社は、彼らを技術者として扱います。専門学校や会社では、まず技術を覚えないといけない。なおかつ、日本の場合は動画から入らないといけないという暗黙のルールがあります。

　それに対してブートキャンプでは、動画を教えていません。最初から参加者を表現者として扱い、あなたがどういうことをやりたいのかを整理して、それをちゃんと表現しなさい、と話します。だから、単純に言うと「演技＝原画を描きなさい」と言っているわけです。僕はそこに大きな違いがあると思っているのですが、このような教育は有効だと思いますか？

エロール　私は外国人なので日本での慣習についてはわからないのですが、ブートキャンプの狙いとしては、何を伝えたいのでしょうか？　参加者が自分で映画を作れるように、もしくは会社で短編映画を作ることができるようになることでしょうか。プロフェッショナル向けなのでしょうか？

竹内　アニメーションは幅が広くて、手法でも2Dや3DCG、また映画のような長編やCMのような短編なんかもあるわけですよ。その中で、必ずしも実際にアニメーションを描く側に回らなくてもいいとさえ思っています。僕は、表現者であってほしいと思っているだけなんです。

エロール　ということは、仕事には繋がらなくてもアニメーションの楽しさを伝えたいということでしょうか。

竹内　どちらかという答えだと、そうなりますね。けれど思いとしては、やはり仕事に繋がってほしいとは思っています。だって、プロが指導しているんですから、楽しいだけではもったいない。表現する時には色々なルールがあるので、そのルールをわかってもらう必要があります。動いているだけで面白いというアニメーションではなく、やはりルールに則って、第三者にきちんと演技として伝わるようなものを作りましょうということです。

稲村　ブートキャンプはもともと産学連携でアニメーション教育をやりましょうという話からスタートしています。初めの会議では、現状が厳しい産業界側からは、現場で即戦力になる人を育ててほしいという意見が出ていました。

　けれど、学校側からするといろんな目的の人が来るわけです。アニメーションでアートをやりたいという人もいれば、趣味で楽しみたいという人、仕事に就きたいという人などさまざまな人がいて、それぞれの能力を伸ばさなくてはならない。アニメーションを教える学校は産業界の下請けではないと。それはごもっともな話です。学校によって方針が違いますし、産業界のアニメーターを目指す人ばかりではない学校では、学生の将来を考えれば、限られた授業時間で、作画以外の多くのことを学ぶことも意味があるので、必ずしもそうはいかないわけです。

　そこで、趣味でやりたかったり、アートをやりたか

2023年12月に行われた座談会にて（写真左から、エロール氏、竹内、布山、稲村）

ったり、それから産業に入って仕事としてやる人たちに共通する点について考えたんです。手法を問わず右往左往するところって何だろうと考えたら、「そもそもどうやって表現したらいいのかわからない」ということなんじゃないかと。

例えば現場の仕事で、すごく丁寧に描いたけれど先輩からダメと言われることもある。絵はすごく綺麗だけど、これ全然違うでしょと言われる。本人は先輩に忖度してうなずいているけれど、その理由が全く理解できないといった場面をたくさん見てきました。アニメーションの作品であれば、各シーンに意味があって、カットに役割がある。その一つ一つの演技にちゃんと理由があって、意図を汲んで描く必要がある。けれども、とにかく絵を綺麗に描く技術だけに注力してしまう。結果として、やはり現場ではそれがスタッフの間のすれ違いになってしまうこともあって、困っていることではあります。

技術を教える人はいっぱいいます。パースを守りな

さいとか、デッサンを綺麗に描きなさいとか。だけど、なぜそういうふうに考えたのかとか、自分が描いたものが人にどう伝わるのかということをちゃんとフィードバックしてくれる人は意外といないし、教えてくれる人はいない。僕はそういうところをちゃんとやった方が、学生にとっても、産業界にとってもよいのではないかと考えたんです。

失敗することの意味

エロール 最近のアニメーションは昔のものよりも複雑になっているんですよね。デザインなどもそうです。そのことは若者にとってはプレッシャーが強いと思います。きちんと描かないといけないというプレッシャーが強く、ちゃんと描きたいという気持ちが強くなっていると思います。

私だけが感じていることかもしれないですが、会社に入ると失敗することがダメなことのように感じられ

Animation Boot Camp in Annecy
2019 にて（エロール氏）

ます。昔のような自由さがなくなっていて、自分がやりたいことがあっても、多分できないなと思って諦めてしまい、期待されているものを描こうという方にいってしまうのかなと。「失敗することも大事だ」という考え方がなくなっている。失敗してもいいから構わずやってみるということも、伝えないといけないかなと思っています。

稲村　自分が学生だった時にいろんなキャラクターのさまざまな歩き・走りを描いて、友人に見せていました。友人に見せて、それがどういうふうに見えるのかというフィードバックをもらっていたんです。自分が思ったことが伝わらなかったことが失敗だったかというとそうではなく、「私はこう伝えたくて描いたんだけど、相手には伝わっていなかった」ということは、失敗ではなくて「学び」だったと思います。

　そういった学びをするための寛容さというのが、忙しすぎて現場が持てないということは確かにあると思います。できればそういうことを学生の時にやっておけたら、こういうふうに描けばこう伝わるのではないかという想像がつき、もう少しスタートのハードルは下がるのかなと。

　もちろん、今は要求される技術のレベルがとても上

がっているので、仕事に就いたとたんに覚えることがたくさんあって大変なんですけど、このトレンドがずっと続くとは限らないですよね。今は細かくてリアルな絵柄やアニメーションが流行っていたとしても、技法もメディアも10年後同じかどうかはわからない。

　では私たちが後輩たちに残してやれることは何なのかと考えた時に、手法や環境が変わっても、何をベースに持っていたらアニメーション作品を作り続ける可能性を持てるのか、ということを考えた方がいいのかもしれないと思ったんです。

竹内　エロールさんから失敗を恐れているという言葉が出てきて、そこにちょっとこだわりたいのですが、ブートキャンプでは失敗していいんです。失敗って何かというと、正しいものがあるから失敗がある。正しいとは何かというと、例えば3DCGはよく正確だと言われるわけです。だけど、じゃあそれで面白いかといった時に、面白い3DCGもあればそうじゃない3DCGもありますよね。僕は、表現として面白くないものが失敗になるんじゃないかと、そう思うわけです。

　例えば「私はこういう表現がいいと思ったけれど」と監督と原画の人がぶつかった時、その表現が監督の意図と違っていたらそれは失敗ですね。でも、例え

ば宮﨑（駿）さんなんかは自分の意図と違っていても、面白ければOKする。要するに表現者が表現を出してきた時に、それは監督の意図と違っていても失敗じゃないんじゃないかって。ところが全体的に見れば、日本の場合にはあまりに硬直しすぎていて、失敗を許さない社会を作ってしまっているのではないかという気がします。

稲村 日本のスタジオより、海外のスタジオの方が表現の幅には寛容なのでしょうか？

エロール 最近は海外のスタジオで仕事をしていないのでわからないですが、日本と比べると寛容だと思います。でも向こうでも業界が段々大きくなっているので、お決まりのパターンですが、スタジオが大きくなると厳しくなります。特にTVシリーズだと昔から禁止されていることが多いですね。

　日本ではあまりそういうことはないですが、海外ではアニメーションとは小さい子どもや若者向けのものであるというイメージが強いので、わかりやすいものにしなくてはならない。例えば人が喋る時は必ず口を見せないといけないとか、決まり事が多いです。

原画と動画

竹内 少し話を戻すと、ブートキャンプは動画を教えていないのですが、日本の専門学校では動画から教えますし、会社に入った時も動画から学びなさいと言われます。僕は最近、動画を学ぶことには反対しないけれど、動画と原画は違うので、原画は原画としての学びをしないとダメだと思っているんです。ブートキャンプはそういう意味ではアニメーションの根幹の部分を刺激しているので、十分意味があることだと思っているのですが、そこはどう思いますか。

稲村 僕はアニメーションを描くときに動画と原画は基本的に区別をしていません。一つのアニメーションを描く時に、ラフや設計の工程であるか、完成工程

であるかを分けているだけだと思っています。学習を工程で分けた方がいいとも思ってはいないです。

竹内 でもそれって環境によりませんか？　要するに動画を描く時に明確な指示があって、その指示のようにやりましょうとなっている環境と、そうなっていない、ただ指示の入っていない原画を渡されて中割りを入れてと言われるだけの環境。TVアニメの場合は指示のない状態になっていると思います。

稲村 現状が最高だとは思っていませんので。ましてや作業がデジタルになって、作品やスタイルによっては、その分業の仕方は変わっていきます。もちろん作業する人が、どのパートをやるのかということは、得意不得意で決めることにはなると思います。でも、完成したアニメーションの状態をイメージできるからこそ設計することができるわけで、イメージできるようにするためには、チャンスがあるときに完成工程は経験した方がいいと思っています。

エロール 私が通っていた学校の話をすると、昔の先生たちは「本当は動画というものはないのだ」ということを言っていました。それは、全部で動きになっているからです。今考えると、やはり動画とは、時間がない時に他の人に任せる作業ですよね。私は昔、3DCGをやっていたのですが、そのときは中割りも原画も全て自分でやっていました。そうすると、動画も含めて原画であるという考え方の方が適切だなと思います。

稲村 日本のキーアニメーションの原画の考え方と、海外のキーアニメーションの原画の考え方は違いますよね。

竹内 違いますね。まず原画という言葉が日本では非常に曖昧です。だからこの本の中では「キーポーズ」「ブレイクダウン」「タイミング」「テンポ」といった言葉で原画を表しています。

エロール 原画にはレイアウトは入れないということですか。

竹内　レイアウトには構図とかさらにいろんな要素が含まれるので、少し脇に置いてあって、まずはとにかく演技なのだということです。

　原画という言葉に何が含まれるのかということは、日本ではほとんど定義されたことがないんです。だから、この本の中では原画の説明をするよりも「キーポーズ」や「ブレイクダウン」の意味づけをして、それらを紹介した方がわかりやすいと考えました。

　例えばよくある原画の説明では、キーとなるポーズを描きなさいとか、動きの要素を描きなさいとか言うけれど、じゃあそれは何かと言うと、明確に答えられなかったりするんですよ。これがまず間違ってると思います。それで今お二人が言っていることは、要するに動きの完成形を作るところまでがアニメーターだというお話ですよね。原画か動画は別にして、またそれを誰がやるのかという話も置いておくと。

稲村　日本の原画には、ブレイクダウンが入っていないことがよくあります。一方、海外のキーアニメーターは、ブレイクダウンも全部描く。後の工程では、とにかくインビトゥイーンをやればいいだけというところまでが「原画」なんです。ところが日本では、例えば歩く動きだと足を開いているポーズしか描かなかったりするんですが、海外ではそれはあり得ないことだと思います。

竹内　そこですよね。歩きの場合だと、足を開いたポーズがキーポーズです。この足を開いたポーズから、次に足を開いたポーズに移る時に説明するポーズが必要。

稲村　「どういうふうに足を運び歩くのか」ということは、日本の原画の慣習だと入れていないことが多いんですね。全部、動画に任せてしまう。

竹内　僕はそれがおかしいのではないかと思っています。ブレイクダウンとは、どうやって次のポーズに移るのかという動きの最低限の説明をすることです。ブレイクダウンは、動きによっては一つだけではなく、

複数必要になる場合があるわけです。何故なら説明するのに必要な絵だから。そして、それらをタイミングと合わせて、その次の人に渡す。それが原画だという考え方です。

稲村　例えば、長編の作品など丁寧な作品になると間にブレイクダウンを入れて、動画に送るということがありますが、動画工程で描いた方が精度が上がることもたくさんあるので、原画の状態で100％描いてある状態が必ずしもクオリティの高さに繋がるわけではないところもあります。ですが、もしその仕事を動画に任せるのであれば、動画の人にもやはりそういった表現をする教育は必要ですね。動画も絵コンテの内容を理解して、このキャラクターにはどういう歩き方をさせるべきなのかということを意識して描くことを知っていないと、全体のレベルの底上げにはならないと思います。

日本と海外の表現の違い

エロール　日本に来た時に驚いたことは、歩きの原画が、足の開いたポーズだけだったこと。その時、日本は動きよりも絵にこだわっているのだと思いました。

竹内　日本の場合、綺麗な絵でキャラクターが描けていたらいい。それで動きは記号的に扱われたりします。例えば、移動しているということがわかればよくて、そのキャラクターがどういう性格かまで踏み込まない。そこまで表現する時間と手間がないから、要するに右から左にキャラクターが歩いて行けば、それでいいんだと。

エロール　マンガ的な表現ですね。

竹内　たくさん仕事があってその仕事を効率よくこなさなければいけないから、どうしても捨てるところは捨てるということになってしまうのだと思います。そのあたりが、海外とは環境が少し違うのかもしれませんね。

エロール　海外の場合は日本と比べると予算も少し多いですからね。そういう表現について考える時間もとれますし、アニメーターたちはレイアウトを担当しないので、動きだけに専念することができます。

　日本の場合、構図やカメラワークなど、アニメーターは動きの他にも考えないといけないことが多いと思います。私はそういった作業は好きですが、日本ではやっぱりアニメーションだけに集中することは難しいですね。

　あと、日本人にブレイクダウンと言っても、英語なので伝わらないんですよね。フランス人でもそうかもしれない。フランスでもブレイクダウンは描きますが、言葉としては英語なので、一般的には使わないです。描いているから、おそらくこれがブレイクダウンに当たるのだろうと思っているだけで。

布山　フランスのアニメーションの現場では、代わりにどんな言葉を使うんですか？

エロール　それはやはり「ブレイクダウン」という言葉になってしまうんですけど、でも意味は少し違っているかもしれません。原画の間の個性を出すといった意味ですね。

竹内　やはりキャラクターとか演技の説明ですよね。説明をするためのもの。

エロール　動きを説明するというよりは、個性ですね。動きの個性を出すためのもの。

竹内　日本の場合、用語の意味がずれてしまっているものが結構あります。今も原画に第一原画、第二原画という用語がありますが、昔の東映動画の場合、動画の少し前の役割の人を第二原画と言っていた時期がありました。

　例えばエロールさんが第一原画を描いて私が第二原画を描くとすると、私の技量に合わせて第一原画の人が仕事を回してくれていたようです。第一原画の人はキーポーズのみ描いて、ブレイクダウンをわざと描かないまま第二原画の人に渡す、そして私がブレイク

ダウンを描いて、これでいいですかと第一原画に聞く。このようなキャッチボールを通じて、人を育てる手段の一つとして、第二原画というのが位置づけられていました。ところが今の日本では、第二原画がそういうものではなくなってしまった。

エロール　そのようなところも海外とは大きく違っている点ですね。

　ところで海外の学校では、先生たちの絵を見る機会がありません。それは先生が学生たちに自ら考えさせるためだと思うんです。先生は絵ではなく、言葉で説明します。おそらく、先生が描いた絵を答えだと学生たちに勘違いさせないために、わざと見せていないのだと思います。

　仕事の場合は、チーフアニメーターが実際に絵で描き直すこともあるかと思います。しかし普通は、「もっとこうやってください」とか「もっと強くしてください」とか、自分の答えを伝えないまま「もう一回考え直してください」と言葉で依頼します。日本だと描き直されたものをなぞるだけです。もちろんそれでも勉強になるのですが、考える力は養われません。

竹内　その時アニメーターは、どういった演技をしているかがわかるものを提出しないと、チーフアニメーターもコメントを出せないということですよね。そういう意味では先ほどの失敗の話にも通じますが、アニメーターが提案して、言葉で違うよと言われても、それは普通のことで、海外ではそのような態度も許される。むしろ自分の提案をちゃんと相手に出さないといけない。

エロール　そうですね。ただ、もしかしたら文化的なことも関係しているかもしれません。フランスだと個人が大事で、グループに合わせるより、自分の意見を言うことの方が大事だという考えがあると思います。

布山　あとは教育ですね。日本では、幼い頃から答えが明確な正解を学ぶ教育が長く続けられてきた面もあって、そこにいかに最短経路で近づけるかという

ふうに考えがちです。本来、表現というのは無限に答えがある中で最適解を探っていくプロセスだと思うのですが、おそらく「一つの正しい解がある」というイメージが強すぎて、それに対して自分の方が間違っているというふうに萎縮してしまうところに問題の根があるのかもしれません。

日本のアニメーションの特殊性

竹内　ところで一つ聞いてみたいのが、キャラクターのデザイン重視の作品というのは、今もたくさんありますよね。アップで可愛い顔、ロング（ショット）で可愛いポーズというように繋げることで成立させている。

　その一方で、キャラクターがちゃんと動いているアニメーションがあって。今の若い人たちはどっちかというと綺麗な止まった絵で勝負したいという人が増えていると思うのですが、そういった傾向はないでしょうか？　演技に手間をかけるよりは、綺麗な絵を描くことに手間をかけるという方が、仕事のスタイルに合っているという若い人の方が多いのではないかと。

エロール　そんな気はしますが、それは悪いことでしょうか。綺麗な絵やあまり動かないアニメーションであっても、ストーリーが伝わるならそれでいいのではないかと思います。そういった人たちは、動きにあまり興味を感じない人たちなのかもしれません。無理矢理そういう人たちに「それはダメだ、動かしてください」と言ってしまうのも問題でしょう。

竹内　世界的に日本のアニメーションは売れていると言われていますが、売れているのは全体からすればごく一部です。海外作品でもっと売れているものがあったりしますが、そういった海外の作品では、止まった絵で魅せましょうというものはどちらかと言うと少ないですね。そう考えると、世界的な傾向で言えば、アニメーターという人たちは、演技を作れる人の方が

たくさんいて、そちらの方が仕事がたくさんあるのではないかと思うのですが、どうでしょうか。

エロール　仕事でいうと、そうですね。

竹内　今そういう、綺麗な止まった絵で見せるアニメーションで食べている日本のアニメーターはこのままでいいのかと思うのですが、5年先、10年先にアニメーターとして生存していけるのでしょうか。そこには何か見通しはありますか？　先ほどの話のように、自分でいろんな能力を開発していかないといけないということでもあるわけですよね。

稲村　綺麗な絵は、きっとAIが作ってくれるようになりますよね。

竹内　AIは、いろんな情報を集めてそこから最適なものを選ぶので、綺麗な絵を作るでしょうね。僕なんかは、日本の3コマの動画はAIが割ってくれるようになるんじゃないかと思っています。そうすると残るのは、AIができる以外のところで、演技を作るというところを人間がやるしかない。もちろんそれだって、これからどうなるかわからないですけどね。

稲村　AIには身体がありませんよね。そこには実際の個人の身体的経験や、そこから生まれた感情というものがなく、集合知でしかありません。もし人間がやるとしたら、やはり個人の経験であるとか、それを表現したいということがあるからやっていけるんだろうなと思います。

エロール　アニメーターは自分で体験したものが大事です。だから、描くこともすごく大変なのですが、描くだけではなく外に出ることも大事かもしれませんね。自分で体験するということはAIにはできないことですから。絵を描くだけだと、現実を忘れてしまいがちです。

　私が昔3DCGをやっていたとき、3DCGだとリアルタイムでアニメーションを再生することができて、作っているものがすぐに繋がった滑らかな映像で見られます。動きになってしまうと目に優しいので、これ

で完成したとつい思ってしまいますね。

竹内　3DCGでは、簡単にキャラクターが動いてしまうので、それでうまくいったと錯覚して、間違った思い込みをしてしまうことがある。そうならないように、現実をきちんと見る訓練をした方がいいと。

エロール　手描きにしても今はコンピュータですぐに確認ができるので、動いているなら十分だと、すぐに満足してしまいます。この点は危ないですね。

竹内　日本のアニメーションも、結局のところAIを超えられるという自信がないとダメですよね。大量生産だけを目指した表現ならばAIを使えばいいかもしれないけれど、そういう表現ではできないことをアニメーターや監督がやらないと。AIを超えなければいけない。

ブートキャンプの教え方

布山　以前フランスでもブートキャンプをやったことがありますが※、ブートキャンプの教育内容は、日本以外の国にも通用すると思いますか？

エロール　ブートキャンプでやっている教育に似た内容は、EMCA（École des Métiers du Cinéma d'Animation、フランスのアングレーム市にあるアニメーション学校）にもありました。

竹内　体験と表現とをどこかで結びつけようとするということが、EMCAでもあったのですね。

布山　逆にフランスでの教育とブートキャンプとを比べた時に、ブートキャンプにしかない部分は何かあると思いますか？

※2019年6月にフランスのアヌシーで行われた「Animation Boot Camp in Annecy 2019」。

エロール ブートキャンプではサムネイルを壁に貼ってみんなで話しますよね。そういったみんなで共有するということは、EMCAではなかったです。私がEMCAにいた時は、学生たちはみんな各々のデスクで絵を描いていて、あまり話をすることがありませんでした。友達と話したりはしますが、みんなでこのアニメーションはこうだったとか、なぜこうなるんだろうとか、話し合うこともなかった気がします。

稲村 アニメーションを勉強するとき、フィードバックは重要ですよね。「たくさん描けば上手くなります」というのは、それだけでも技術は身につくかもしれませんが、同時に「たくさんフィードバックを受ければ学びになります」ということでもあると思います。描いてそこで終わってしまっては、表現として伝わるものかどうかはわからない。

竹内 今は、そういった描いてフィードバックをもらえるという環境が少なくなってきていると思うので、逆に言うとそういう場所を作らないといけないと思います。

エロール つまり日本の上手い人たちと若者との繋がりですね。

稲村 インターネットとデジタルのおかげで、アニメを作ることが好きな人たちは10代前半、それ以前からでも意欲的に描ける、作品を作ることができるという環境があります。なので、私たちの時代よりはるかに勉強はしやすくなっていると思いますよ。

エロール この本は自分でアニメーションを勉強するためのものですが、自分の表現を見てくれる人が周囲にいない場合、描いたものがうまくいったかどうかがわからないという問題がありますよね。

布山 そうですね。だからこの本を読んだ上で、できればブートキャンプにも参加してもらいたいと思っています。本を読むだけではフィードバックが得られないので、もどかしさを感じた時には、是非ワークショップに参加してほしいです。

竹内 あとは、ブートキャンプ的なものを学校でもやってくれたらいいなということもあります。

布山 そういう意味では、この本は教える側である先生にも是非、読んでいただきたいですね。

竹内 専門学校なんかは特にそうですが、技術を教えるということだと机に向かって行う授業が多く、先ほど言ったような、ものをちゃんと見るとか、話し合うとか、ある程度時間に余裕がないとできないのではないかと思います。限られた時間の中で難しいとは思うのですが、ちゃんとものを見る目を養い、それを表現に繋げていくという授業のヒントを、ブートキャンプが示せるといいなと思っています。

身体感覚の重要性

エロール 海外、特にフランスでは自分自身の身体感覚も大切にします。美術学校で先生が言っていたことは、例えばりんごのことを理解するのならば、りんごを手に取ってその実感を感じてくださいということでした。見るだけでなく、実際に自分の手に取る。学校でも自分の身体を使うことが大事だと思います。

竹内 全くその通りです。本書のPart1の、トマトを切るときの感触の話 (p.35) なんかもそうですよね。りんごの話も、普通の学校だとりんごを描きましょうとなると、みんな見ているだけなんです。

エロール 大体そうなりますね。言わないとみんな手に取ってその重みや丸みを感じることはないです。

竹内 そうですね。だからできるだけ五感を使ってりんごというものを感じてみると、なぜかわからないけれど、絵が変わってくるんですよね。トマトの講義だと、トマトらしさをどう表すかという話です。

　またブートキャンプの話に戻りますが、ブートキャンプをリモートでやったことがあります。向こう側に絵を描く人が3人いて、こちら側に先生がいるという。稲村さんは経験していますけど、あれはあれでよかっ

たのですが、でもやはり僕は実際に現場に人が集まってやった方がブートキャンプの教育には効果があると思っています。

稲村　身体に関わる部分というのは、やはり画面越しでは伝わらないですね。例えば「重さ」というのは、身体の使い方や空間を共有して感覚として伝わるので、リモートではなかなか難しい。

竹内　ブートキャンプの中で、重い箱、軽い箱を実際に持ってもらうじゃないですか。あれなんかは、現場で自分で持ったり、他の人に持ってもらったりすると、重いからその持ち方だとうまく持てないとか、本人が感じて発見したことをグループ全体で共有できるから、いいんですよ。

　リモートは非常に便利で、職場では使われています。しかし長期的なことを考えると、リモートもありだとは思いますが、伝えたい内容を考えると、ブートキャンプは現場でやった方が効果も含めていいと思っています。

エロール　最近SNSで映像を見ていると、海外の人たちが自分の演技を撮影して、それをそのままアニメーションにしているようなものがあるのですが、これは少し危ないことだと思います。何故ならアニメーターはプロの役者ではないからです。

　アニメーターは実際の役者というよりは人形を操る人です。自分の身体で芝居をする役者ではないので、自分自身を役者にしない方がいいかなと思います。撮影した映像資料からは、身体の動きの可能性とか重力、タイミングなどのみを参考にして作った方がいいのではないでしょうか。

竹内　参考にすることと、コピーするということは違うということですね。

エロール　海外のアニメーターたちはアニメーションがすごく好きです。だから、芝居をする時、人間の芝居ではなくカートゥーンの芝居をするので、そのコピ

ーになってしまうということです。また、それを参考にするとコピーのコピーになるということが起きます。なので芝居ではなく演技、身体の動きのみを参考にした方がいいと思います。

布山 「芝居」という言葉と「演技」という言葉を使い分けてらっしゃいますね。

エロール 演技は具体的には動き、例えば歩くということが具体的な動きです。芝居のほうは、個性を出すものだと思います。

竹内 3DCGのモーションキャプチャーでも、素人が動いてキャプチャーしても動きが良くないわけです。ちゃんとした役者に動きをやってもらってモーションキャプチャーを撮ると、動きそのものがすごく良くなります。それでもアニメーションとしてはまだ良くないのですが。

稲村 役者が上手でないとダメですね。

エロール そうですね。アニメーターは毎日ずっと座って描いているので、自分の身体を役者のようにうまく使えません。アニメーターは人形を操る仕事だと思います。

布山 この本の中でも、身体を動かそうとか演じてみようということを書いていますが、それはあくまでも芝居のための芝居ではなく、自分自身が演じてみて、自分の身体の動きについて理解するためのものです。そうすることによって、演技がうまくいっていないとき、違和感を感じられるような見る目が育てられるということですね。

おわりに

布山 最後に、共著者の稲村さんと竹内さんから、この本で学んだことをどういうふうに活かしていけばいいだろうかということについて、読者の方へのメッセージをいただけますか。

稲村 この本はアニメーションの「いろは」の「い」

の前のことからスタートしているので、是非、困ったら読んでほしいです。

布山 「いろはの『い』の前」とはどういうことでしょうか？

稲村 アニメーションの技術的な「いろは」を教えている学校でも職場でもそうなのですが、技術のみに集中すると、技術的には合っているのに上手く描けない、わからない、というところに陥ることがあります。そうなった時に、そもそもどうなんだっけというところから入ってもらうと、「その技術が何のために役に立つのか」ということがわかるようになってくるということです。

竹内 本書はアマチュア向けに書かれているというふうに思われるかもしれませんが、実はプロもこれを読むと初心に戻れるようになっているはずです。プロになると毎日、絵を描くことだけに集中しがちなのですが、いったい自分は何を見ているのか、何を発見しているのかということにもう一度戻って考えてみるきっかけになるので、長い目で見るとすごく役に立つ本ではないかと思います。

布山 そういう原点になる本だからこそ、AIなどの新しい技術が登場して、将来アニメーションの作り方が変わったとしても、ずっと役に立ち続けるであろうということですね。

Profile
セドリック・エロール (せどりっく・えろーる)
フリーランスのアニメーター。A-1 Pictures、シグナル・エムディなど数々のアニメ制作会社で作品制作に携わる。『ルパン三世 血の刻印 ～永遠のMermaid～』(2011)、『名探偵コナン 11人目のストライカー』(2012)、『劇場版 あの日見た花の名前を僕達はまだ知らない。』(2013)、『傷物語』(2016)、『夜明け告げるルーのうた』(2017)、『僕のヒーローアカデミア (第3期)』(2018)、『ムタフカズ -MUTAFUKAZ-』(2018) などに原画として参加。他の代表作として『スペース☆ダンディ シーズン2』(2014、脚本・演出・作画監督・原画)、『Ogrest la Legend』(2015、2Dアニメーション)、『ひるね姫 ～知らないワタシの物語～』(2017、作画監督・原画) などがある。

 ## おわりに

 おつかれさま！以上で本書の講座は全て終了だよ。どうだったかい？

 アニメーションで表現するって楽しいことだなって、改めて実感できました。
私、今までずっと自分の技術が足りないことばかり気にしてたんですけど、それより
もまずはどんどん表現してみようって思えるようになった気がします。それに一人で
悩まず、身近な人たちに遠慮せずに観てもらおうって。

 僕もすごく楽しかったです〜。正直、いろんなステップを踏まなくちゃい
けないとか、面倒なことも多かったけど…。でも自分の思い描いたイメー
ジが他の人にも伝わるって、ホントにすごい快感っすねぇ！

 おいおい、おまえの表現はまだまだ伝わるレベルにはなっとらんぞっ！（笑）
でも二人とも、これからもっともっと成長できそうだし、期待してるからな！

 続けることも、一つの才能だからね。頑張って。

 ありがとうございます！！

 この本の一番の目的は、アニメーションを学び続けるための、考え方の基礎を理解してもらうこ
とだったんだ。だから講座を終えた今、ようやく学びのスタート地点に立ったのだとも言えるね。
これから先、長い旅になると思うけれど、道に迷ったらいつでもまたここに戻ってくればいいさ。
何度も初心にカエリながら、少しずつ成長できれば、いつかきっとみんなから「上手い！」と感
嘆されるような、すごい表現者になれるはずだよ。
読者のみなさんも是非、これからも表現することを楽しみながら、学び続けてください！

あとがき

　本書は、10年以上にわたって文化庁のメディア芸術分野の諸事業で行われてきた教育プログラム「アニメーションブートキャンプ」の知見を、一冊の本として集約したものです。これまでの膨大な実践の蓄積に基づきながら、できるだけシンプルな形で、ブートキャンプの教育の凝縮されたエッセンスを読者のみなさんにお伝えすることを心がけてまとめました。

　ブートキャンプのキャッチコピーは「一生モノのワークショップ体験」ですが、それは決して大げさな表現ではないと私は思っています。ブートキャンプの現場には、そこでしか感じられないような独特の熱量が生じ、一生大切にしたい「かけがえのない経験」がもたらされる実感があるのです。そのようなワークショップ現場の魅力を、本というスタティックな形でどこまで伝えることができるのかという課題が、本書の企画当初からありました。

　それに対する私なりの結論は、「本は本、ワークショップはワークショップとして棲み分け、補い合うものにするのがよい」ということでした。実は2020年、コロナ禍で急に対面のワークショップの実施が不可能になり、なんとかしてオンラインでもリアルな学習経験を提供しようと試行錯誤したときにも、最終的に同じような結論に達しました。ブートキャンプで得られる経験は、やはり他のメディアでは代替不可能なのです。その前提のもとで、本書の目的は「ワークショップのような」経験を読者に与えるのではなく、むしろワークショップへの呼び水となる、間口の広い「学びの入口」をつくることだと考えました。

したがって、本書はこれだけで完結するものではありません。むしろその先の深くて広い、アニメーション表現の世界へと誘うための「手引き」の書であり、文字通り「ガイドブック」なのです。ですから、もし本書の内容に共鳴し（あるいは何らかの疑問を持ち）「もっと深く学びたい」と思った方は、是非、ブートキャンプにもご参加いただけると幸いです。近い将来、本書の読者とワークショップの場でお会いできることを、心から楽しみにしています。

　最後になりましたが、これまでブートキャンプを支えてくださった、文化庁はじめ関係者のみなさま、ご多忙な中でも快く指導を引き受けてくださった30名を超える講師のみなさま、ブートキャンプの企画運営を行うJENA（一般社団法人日本アニメーション教育ネットワーク）のメンバーと事務局運営スタッフ、そしてワークショップに参加してくださったたくさんの受講生の方々に、この場を借りてお礼申し上げます。本書は数え切れないほど多くの方々とともに築き上げてきた長年の蓄積があったからこそ、まとめ上げることができたのだと思っています。本当にありがとうございました。そして本書の制作に際して、企画の始まりから完成に至るまでの長期にわたって、粘り強く、優しく併走してくださった編集の松岡さん、とても素敵な本に仕上げてくださったデザイナーの中山さんにも、心より感謝申し上げます。

　アニメーションを巡る状況がどんどん変化している不安定な時代の中、本書がこれからアニメーション表現の世界に飛び込むみなさんの手引きの書として、また繰り返し読まれる基本の書として、一人でも多くの読者の学びに役立てられることを願っています。

アニメーションブートキャンプ共同ディレクター　布山タルト

ムービー一覧

本書の作例のムービーは下記よりご覧いただけます。注意事項に関してはp.8をご確認ください。

https://bnn.co.jp/blogs/support/ugoki_movie　　パスコード : x876tuvz

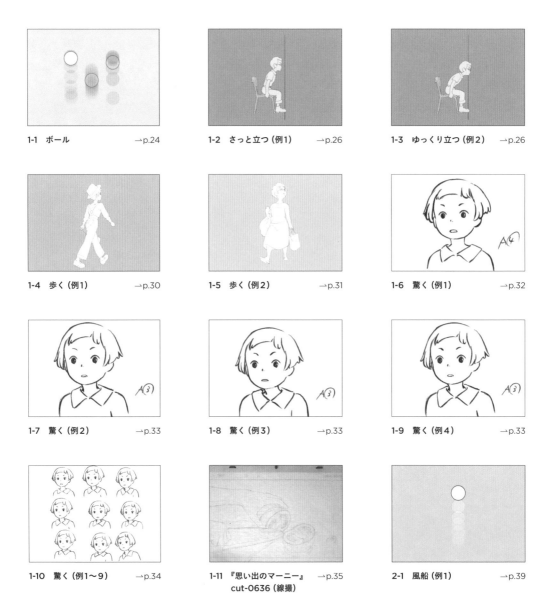

1-1　ボール　　→p.24

1-2　さっと立つ（例1）　　→p.26

1-3　ゆっくり立つ（例2）　　→p.26

1-4　歩く（例1）　　→p.30

1-5　歩く（例2）　　→p.31

1-6　驚く（例1）　　→p.32

1-7　驚く（例2）　　→p.33

1-8　驚く（例3）　　→p.33

1-9　驚く（例4）　　→p.33

1-10　驚く（例1〜9）　　→p.34

1-11　『思い出のマーニー』　　→p.35
　　　cut-0636（線撮）

2-1　風船（例1）　　→p.39

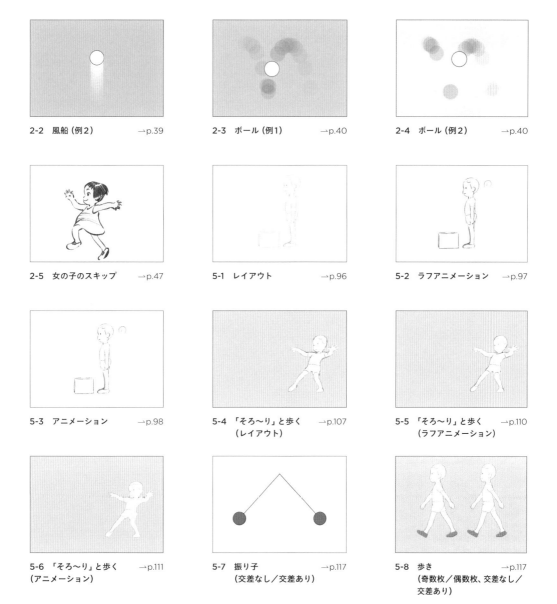

2-2　風船（例2）　　　→p.39

2-3　ボール（例1）　　　→p.40

2-4　ボール（例2）　　　→p.40

2-5　女の子のスキップ　　→p.47

5-1　レイアウト　　　　→p.96

5-2　ラフアニメーション　→p.97

5-3　アニメーション　　→p.98

5-4　「そろ〜り」と歩く　→p.107
　　（レイアウト）

5-5　「そろ〜り」と歩く　→p.110
　　（ラフアニメーション）

5-6　「そろ〜り」と歩く　→p.111
　　（アニメーション）

5-7　振り子　　　　　　→p.117
　　（交差なし／交差あり）

5-8　歩き　　　　　　　→p.117
　　（奇数枚／偶数枚、交差なし／
　　交差あり）

アニメーションブートキャンプ

2012年に文化庁のメディア芸術分野における取組としてスタートした「アニメーションブートキャンプ」。日本のアニメーション業界と教育界とが連携し、新たな人材育成プログラムの方向性を見つけ出すことを目的として実施されてきた。プログラムのねらいは〈自己開発・自己発展できる人を育てること〉〈身体で感じ、観察することの重視〉〈他者に伝わる表現を目指すこと〉など。これまでに国内外で500人以上がワークショップに参加し、業界へ多くの人材を送り出している。
https://animationbootcamp.info/

アニメーション
〈動き〉のガイドブック
伝わる表現の基礎講座

2024年3月15日　初版第1刷発行
2024年4月15日　初版第2刷発行

著者　　　竹内孝次、稲村武志、布山タルト

発行人　　上原哲郎
発行所　　株式会社ビー・エヌ・エヌ
　　　　　〒150-0022
　　　　　東京都渋谷区恵比寿南一丁目20番6号
　　　　　Fax：03-5725-1511
　　　　　E-mail：info@bnn.co.jp
　　　　　www.bnn.co.jp

印刷・製本　シナノ印刷株式会社

イラスト　　稲村武志
デザイン　　中山正成（APRIL FOOL Inc.）
編集　　　　松岡 優
制作協力　　江口麻子、伊藤圭吾

CREDIT
Part1/Part2(p.47)/Part4(p.92)/Part5(p.96-98, 101, 105, 107, 110-112, 117) ©Takeshi Inamura
Part4(p.80, 83-85, 88-90)/Part5(p.106, 120-127) ©Nobuo Tomizawa, JENA
p.87 上　©Ayaka Ryono, JENA
p.87 下　©Takayuki Goto, JENA

SPECIAL THANKS
本書の制作にお力添えいただいたみなさまに
心より感謝申し上げます。

赤間康隆／沖浦啓之／井上俊之／小田部羊一／後藤隆幸／
小森よしひろ／セドリック・エロール／富沢信雄／
漁野朱香／りょーちも

一般社団法人日本アニメーション教育ネットワーク（JENA）
文化庁

一般社団法人日本動画協会
株式会社スタジオジブリ
株式会社スタジオポノック
株式会社トムス・エンタテインメント
株式会社プロダクション・アイジー
東映アニメーション株式会社
東京アニメアワードフェスティバル実行委員会
森ビル株式会社

パラパラとめくってアニメーションを楽しめる、本書掲載作例のフリップブック集です。
右側のページは、巻末に向けてページをめくってください。左側のページは、巻末から順にページをめくってください。

5-1 掲載　「そろ〜り」と歩く演技

例1　例2　例3
例4　例5　例6
例7　例8　例9

1-7 掲載　驚く（例1-9）

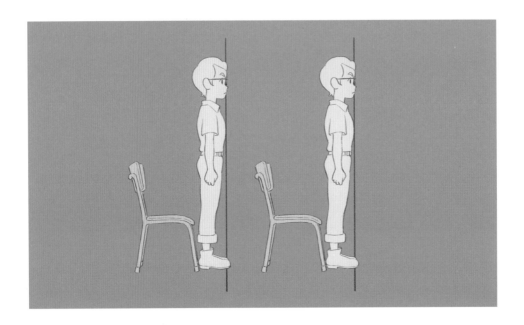

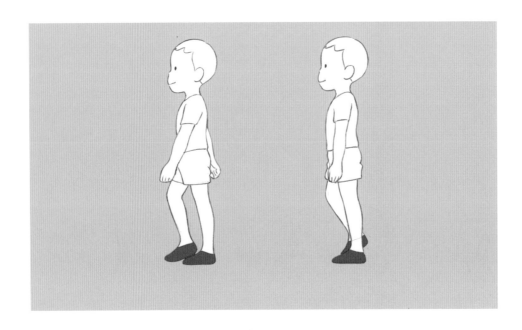

例1　例2　例3　例4　例5　例6　例7　例8　例9

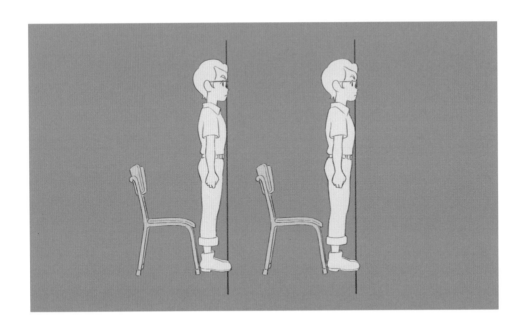

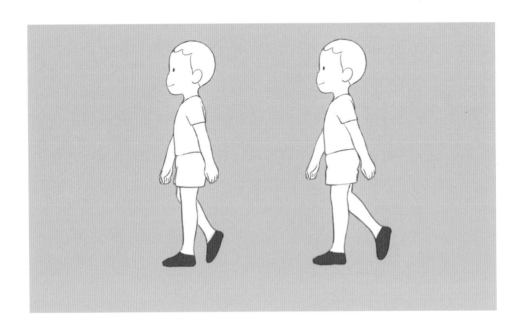

例1　　　　　　　　　例2　　　　　　　　　例3

例4　　　　　　　　　例5　　　　　　　　　例6

例7　　　　　　　　　例8　　　　　　　　　例9

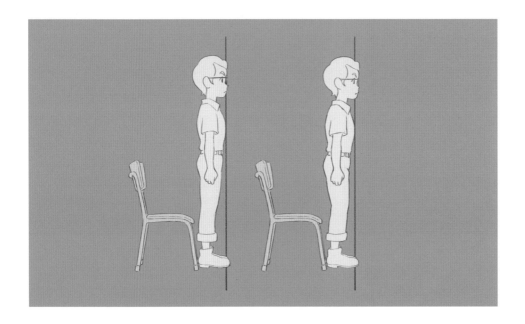

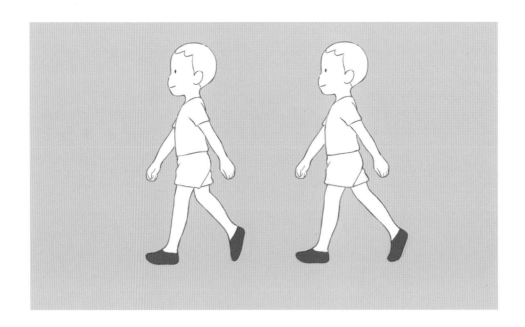

例1　例2　例3　例4　例5　例6　例7　例8　例9

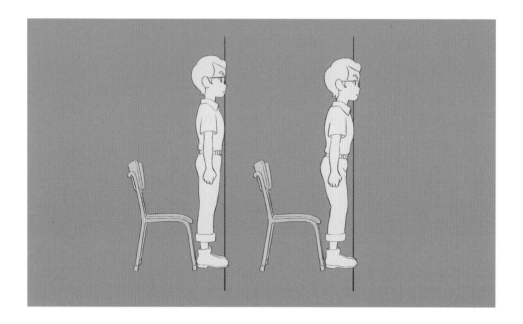

例1　例2　例3　例4　例5　例6　例7　例8　例9

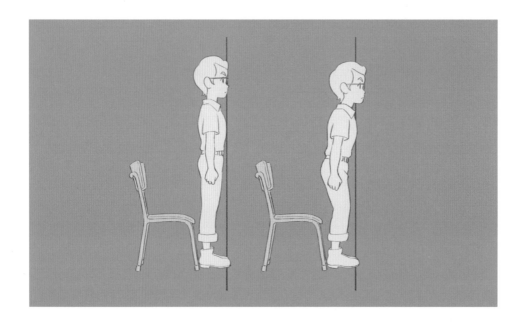

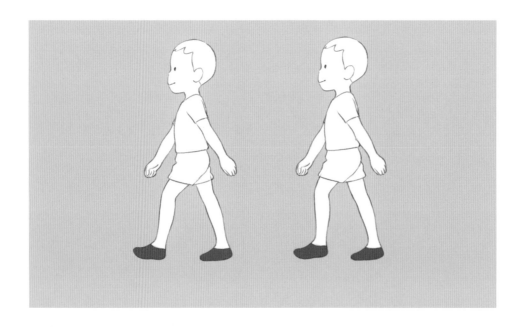

例1 例2 例3
例4 例5 例6
例7 例8 例9

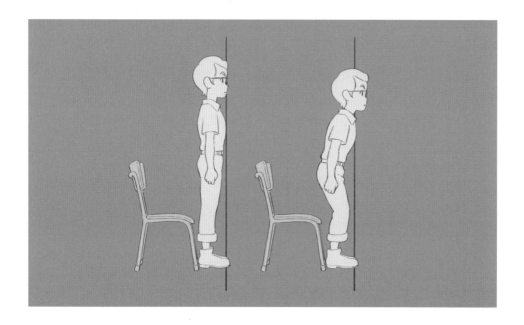

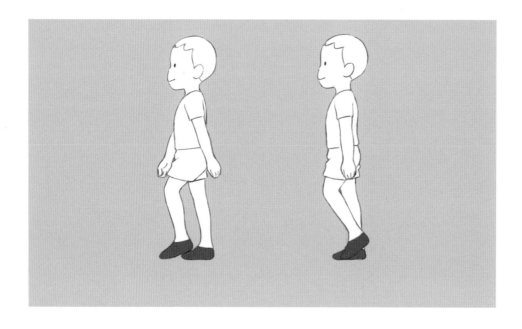

例1　例2　例3　例4　例5　例6　例7　例8　例9

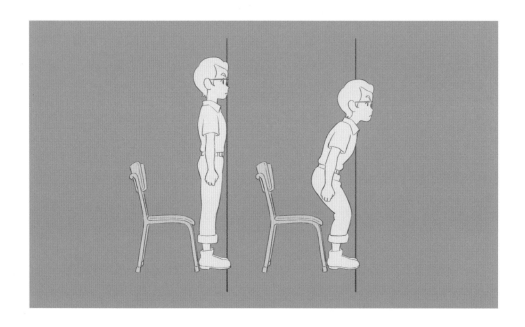

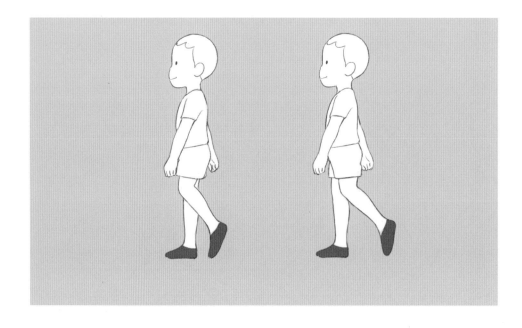

例1

例2

例3

例4

例5

例6

例7

例8

例9

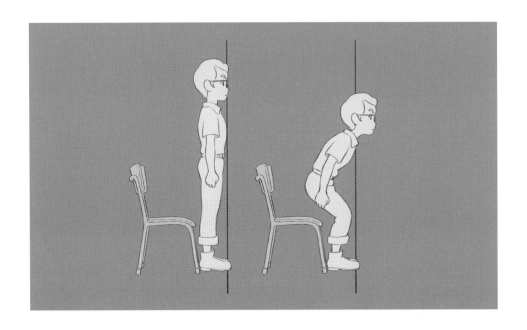

例1　例2　例3　例4　例5　例6　例7　例8　例9

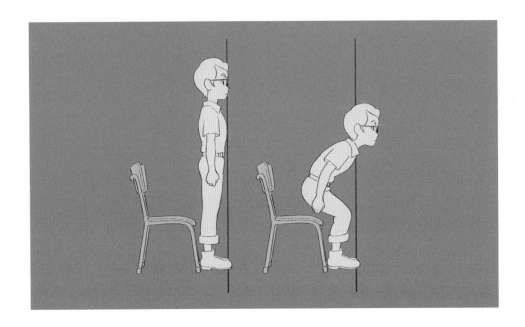

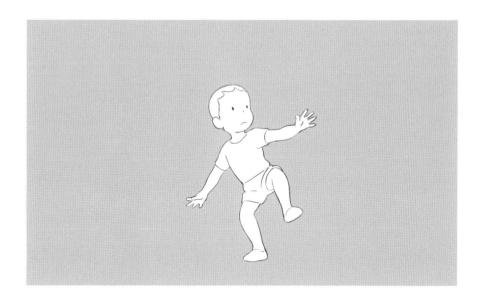

例1　例2　例3
例4　例5　例6
例7　例8　例9

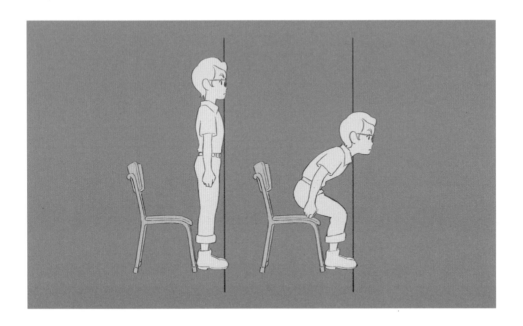

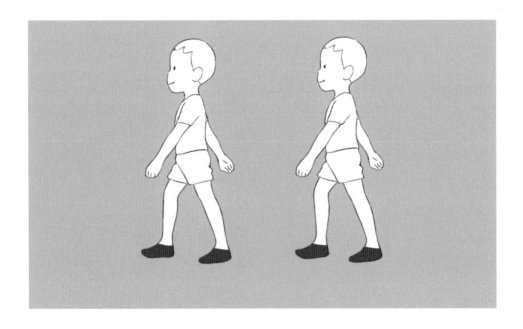

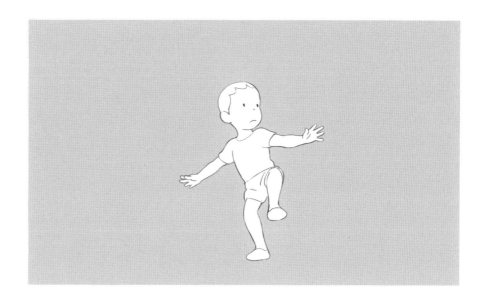

例1　例2　例3　例4　例5　例6　例7　例8　例9

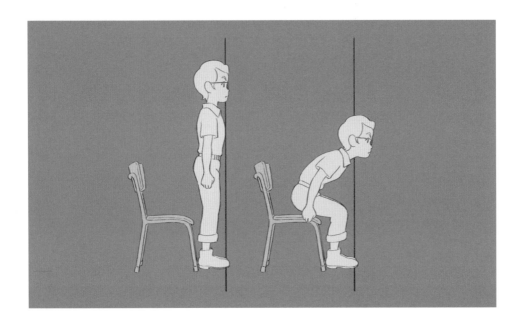

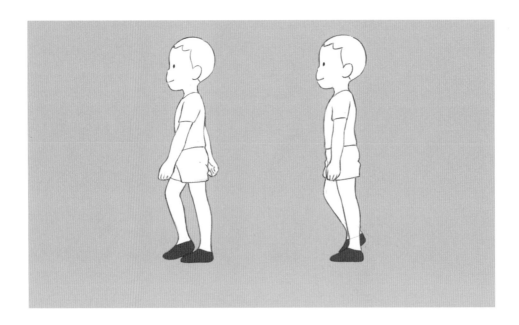

例1　例2　例3　例4　例5　例6　例7　例8　例9

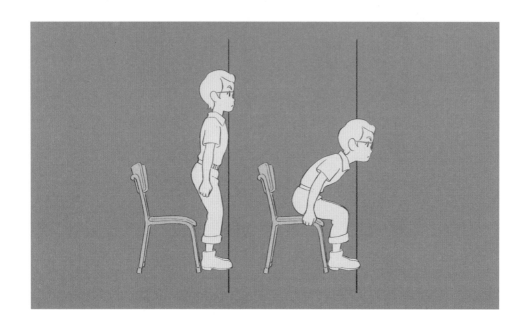

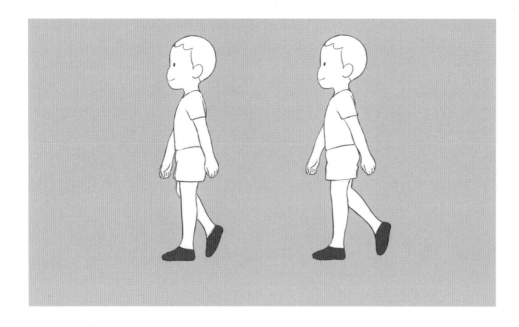

例1　例2　例3
例4　例5　例6
例7　例8　例9

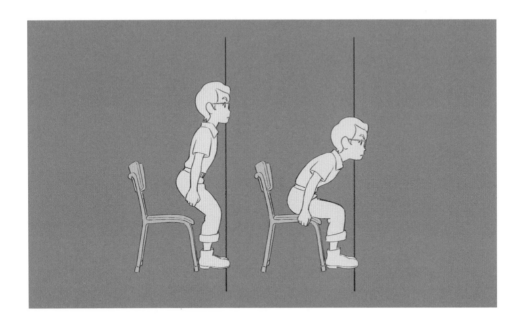

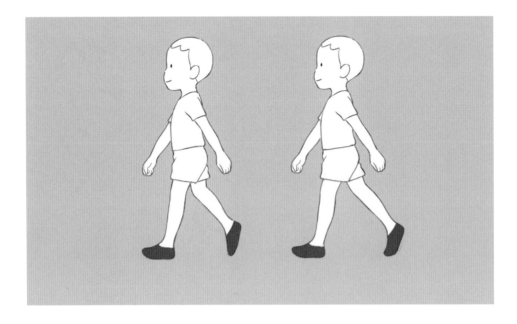

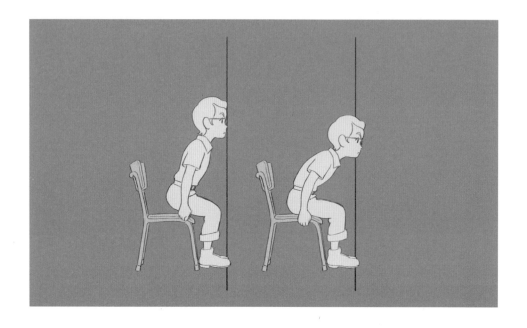

例1　例2　例3
例4　例5　例6
例7　例8　例9

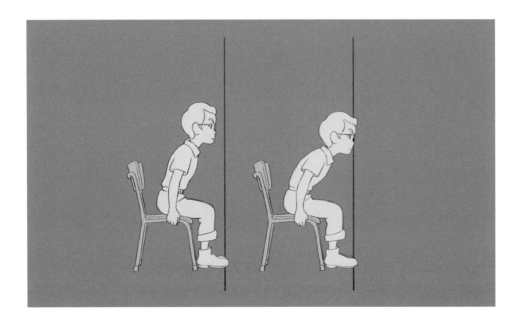

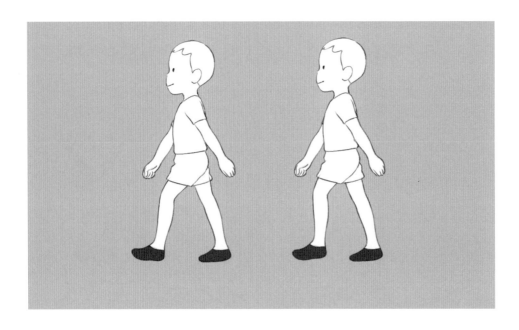

例1　例2　例3

例4　例5　例6

例7　例8　例9

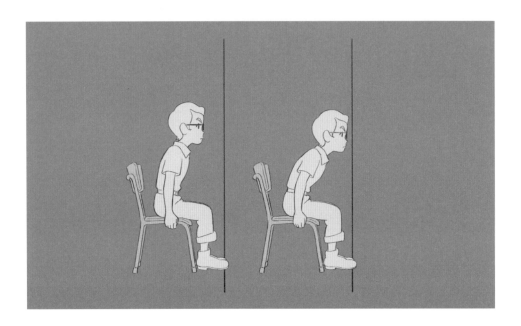

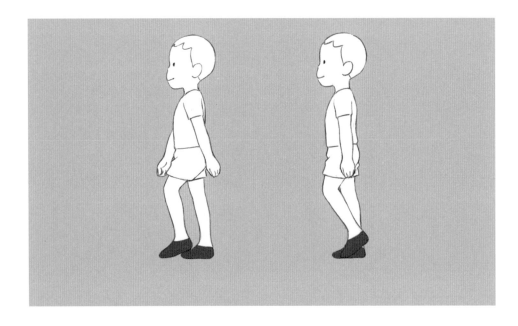

例1　例2　例3

例4　例5　例6

例7　例8　例9

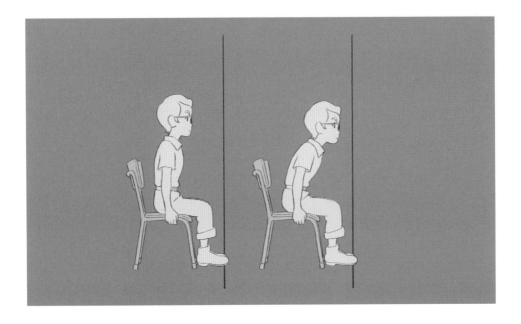

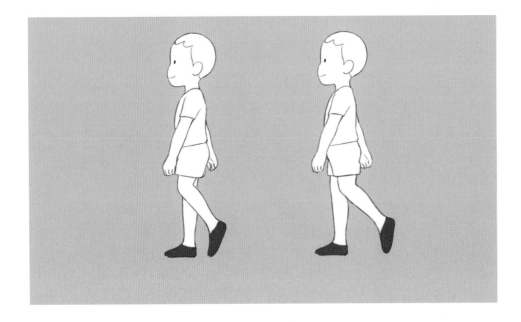

例1　例2　例3　例4　例5　例6　例7　例8　例9

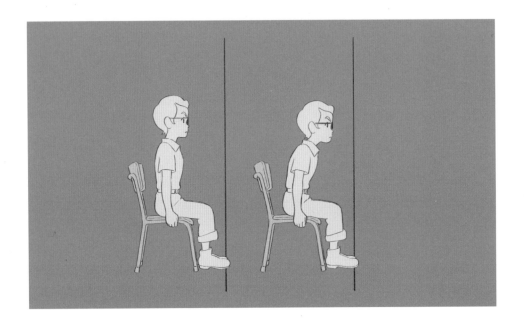

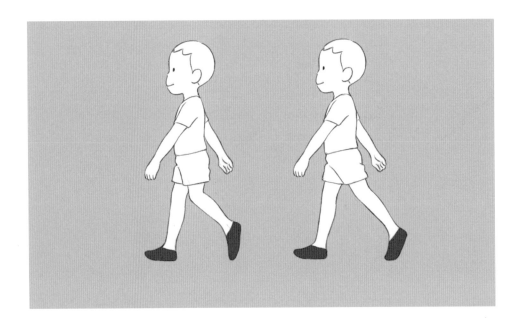

例1　例2　例3
例4　例5　例6
例7　例8　例9

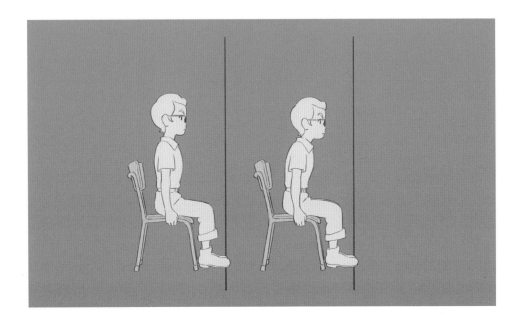

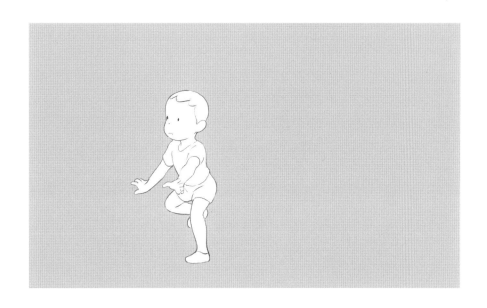

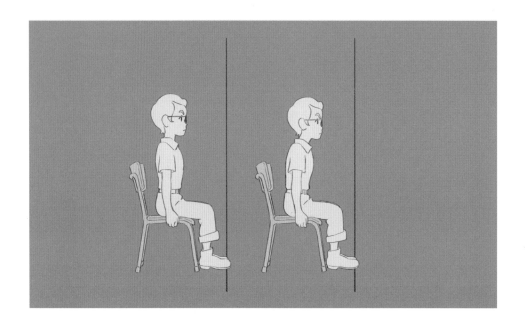

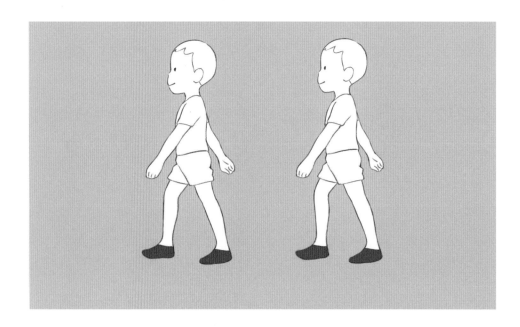

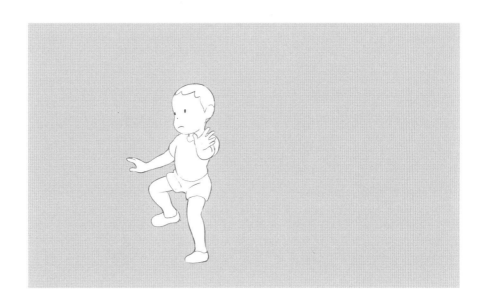

例1　例2　例3

例4　例5　例6

例7　例8　例9

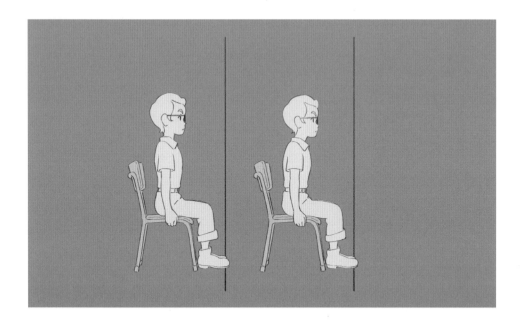

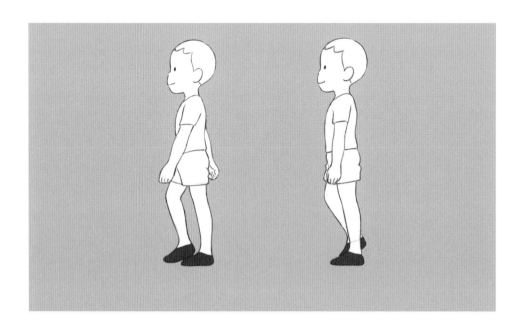

例1　例2　例3　例4　例5　例6　例7　例8　例9

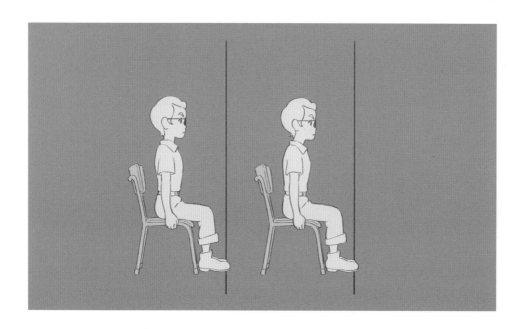

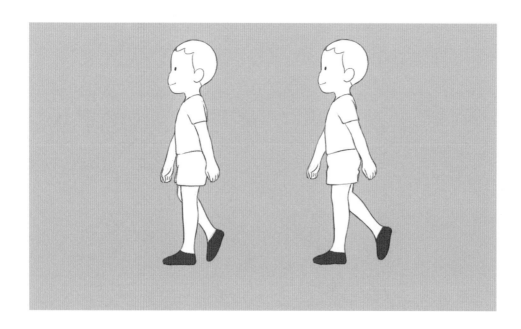

例1　例2　例3　例4　例5　例6　例7　例8　例9

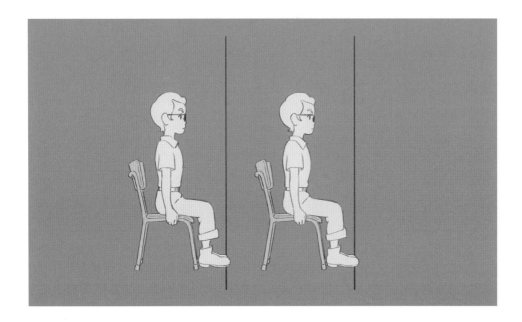

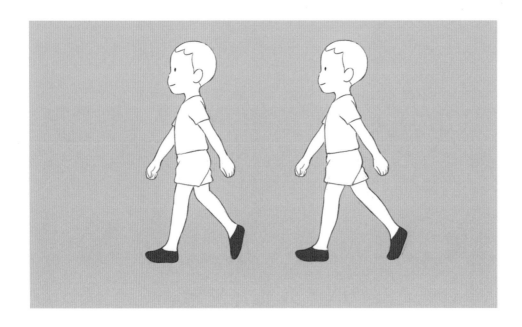

例1　例2　例3　例4　例5　例6　例7　例8　例9

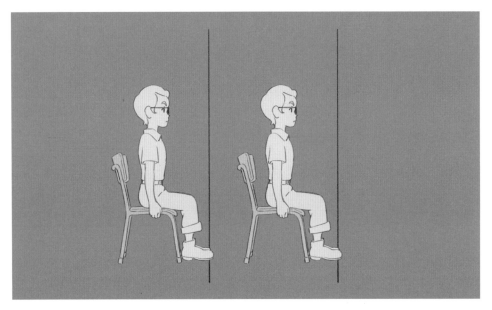

1-5掲載　さっと立つ／ゆっくり立つ

5-3掲載　歩き（4コマ6枚）交差なし／交差あり